買いたい新書 5

山本雄司 [著]

1日10分 論文の書き方

都政新報社

目　　次

はじめに……………………………………………vi

I　入門編 ──────────────────1

§1　受験にあたって
1　なぜ試験を受けるのか改めて考える …………2
2　必ず要綱を確認する ……………………………4
3　上司にアピールする ……………………………6
4　一発合格を目指す ………………………………8
5　金を惜しまず時間を惜しむ……………………10

§2　論文とは何か
1　論文は誓約書（論文とは何か①）……………12
2　試験論文は研究者論文とは異なる
　　（論文とは何か②）……………………………14
3　論文には型がある（論文とは何か③）………16
4　論文の評価基準…………………………………22
5　問題意識（論文の評価基準①）………………24
6　論理性（論文の評価基準②）…………………26
7　表現力（論文の評価基準③）…………………28
8　論文の相性………………………………………30

II　基礎編 ──────────────────33

§1　論旨をつくる
1　論文の作成手順…………………………………34
2　問題文の変換……………………………………36
3　否定型発想（問題の認識①）…………………38

4　事態進行型発想（問題の認識②）……………40
　5　論旨をまとめる………………………………42
　　　図解でマスター①論旨をまとめる（否定型発想）
　　　　……………………………………………44
　　　図解でマスター②論旨をまとめる（事態進行型発想）………………………………………46
　6　既知情報＋新情報＝結論（論理の法則①）…48
　7　一般的な規則を見つける（論理の法則②）…50
　8　漏れなく、ダブリなく（論理の法則③）……52
　9　ロジックツリー（論理の法則④）……………54
　　　図解でマスター③既知情報＋新情報＝結論…56
　　　図解でマスター④帰納法　………………………57
　　　図解でマスター⑤MECE（ミッシー）………58
　　　図解でマスター⑥ロジックツリー（論理木）…59
　10　資料の集め方……………………………………60

§2　レジュメをつくる
　1　問題点と解決策の作成
　　　（レジュメの作成①）…………………………62
　2　序章と終章の作成（レジュメの作成②）……66

§3　実際に文章にする
　1　文章にする………………………………………70
　2　原稿用紙の使い方………………………………72

Ⅲ　実践編——————————————————76
　1　準備論文の完成のために………………………76
　2　あくまで問題文に答える………………………78

3　問題文と準備論文のつなぎ合わせ方……………80
　4　試験当日、論文を書くにあたって……………82

Ⅳ　資料編　　　　　　　　　　　　　　　　　85
　1　合格論文例（主任、係長、管理職）…………86
　2　参考図書　………………………………………118

はじめに

1　はじめに

　この本は、全国の自治体職員を対象に、昇任選考における論文の書き方について説明した本です。これまで市販されている論文作成に関する本の中で、一番わかりやすく、また誰もが論文を作成できるように配慮しているつもりです。この本を順番に読み進めれば、これまで論文を全く書いたことのない方も、論文が書けるようになります！（……と信じています）。

2　この本の特徴

　この本は、次の点を重視して作成しました。

(1)簡潔・明瞭

　まずは、とにかく簡潔・明瞭であることです。従来の市販本は説明が長く、簡単なことも難しく説明するというような部分もありました。しかし、忙しい皆さんがいかに効率的・効果的に論文の書き方を学ぶことができるか、が最も重要なのです。このため、なるべく簡潔・明瞭であることを中心に、この本を作成しています。そこで、無駄な部分はそぎ落とし、重要な点のみを選び説明しています。

(2)1項目は見開き2ページでわかりやすく

　論文の説明をするのに、長文で長々と説明されても読んでいる人は飽きてしまいますし、理解するのをかえって難しくしてしまいます。そこで、この本では、基本的に1項目は見開き2ページにまとめ、わかりや

すさを追求しました。コンパクトに重要な点のみを説明することにより、すぐにみなさんが理解できるようにしています。

(3)入門・基礎・実践と段階的なカリキュラム

論文作成と言っても、レベルは人それぞれ違います。主任選考を初めて受験する若い人から、管理職試験を受験するベテランの方まで、様々だと思います。そこで、この本は初めて昇任選考の論文を書く人を対象に、丁寧に説明しています。そして、入門編・基礎編・実践編と段階的にレベルアップができるよう組み立てています。

(4)論文作成のテクニックだけでなく、受験時のアドバイスも掲載

この本は論文作成について説明した本ですが、併せて受験時のアドバイスも掲載しています。受験にあたっては、どうした点に注意したら良いのか――具体的には、情報の収集方法や勉強方法などについても触れています。単に論文作成だけでなく、そうしたテクニックについても説明しています。

3　本の読み方

この本は、できるだけ最初から読み進めてください。論文は、一朝一夕に作成できるものではありません。論文とは何か、論文の骨格をどのように作るのか、実際にどのように文章にするのか、と1つ1つ理解を積み上げていかないと論文を完成することはできません。

しかし、1つ合格論文が完成すると、2つ目、3つ目の論文を作成することはとても簡単になります。とにかくまず論文を1つ作成することを目標にがんばってください。

2009年2月

山本雄司

I 入門編

§1-1 なぜ試験を受けるのか改めて考える

「受験するにあたっての心構え」というとやや大げさですが、実際の試験対策について説明する前に少し考えておいてほしいことがあります。それは、なぜ自分はその昇任試験を受験しようとするのか、ということです。

主任試験であれば、周りの人も多くの人が受験しますからあまり深く考えることはないと思いますし、またその必要もないかもしれません。しかし、**係長試験以上であれば、受験する際には必ず受験動機を自分の中で整理しておいてください**。これは、面接対策というよりも、今後の人生に大きく影響するからです。

みなさんの周りにもいると思うのですが、主任時代は非常に優秀だった人が、係長になった途端、部下との関係などで心の病になってしまうケースがあります。管理職の場合でも同様です。私が知っているだけでも、残念ながらそうしたケースは非常に多くあります。

もちろん、これまで経験したことのない係長としての仕事、課長としての仕事であるため、不安やとまどいがあるのは当然です。そうした不安を乗り越えるためには、自分がなぜ係長・課長になったのか、という思いが必要なのです。「周りが係長になったから自分も係長試験を受験する」では、困難な状況を乗り越えられないのです。

§1　受験にあたって

　昇任することのメリット・デメリットをそれぞれ考え、なぜ自分は係長（課長）になりたいのか、なったら何をするのか、ということを自分の中で整理しておいてください。そうした動機を明確にすれば、これから始まる受験生活、面接、また昇任後のつらいことも乗り越えることができます。

　民間企業と異なり自治体の場合は、昇任試験を受験しなければ今後の仕事に大きく影響があるということはありません。私の同期も主任のままでいますが、それはそれで本人は楽しんでいるようで、係長試験や管理職試験など、別世界のことだと思っています。彼がこのまま主任のままでいるのかどうかわかりません。もしかしたら、いずれ心変わりして受験するかもしれません。私もそれで良いと思います。無理して今受験し、万が一合格しても、今後の彼にとって良いかどうかはわからないと思います。

　くどいようですが、見栄や「同期が受験するから」などの理由で、試験勉強に入ることは避けてください。あくまで、自分は係長（課長）になって○○したい、という明確な意志をもってから受験するようにしてください。この意志がどれだけ強いかが、今後の試験勉強を大きく左右しますし、人生にも大きく影響します。

§1-2 必ず要綱を確認する

　受験する覚悟が定まったら、次に、実際の受験にあたっての注意点をいくつか述べてみたいと思います。

　まず、最初は自治体または人事委員会などから発表される要綱等を確認するということです。自治体によっては、要綱という名称ではない場合もありますが、簡単に言えば試験にあたって発表される公式文書です。**「試験なんて毎年変わらない」と思う方もいるかもしれませんが、必ずチェックをしておきましょう。**この文書には様々な情報が記載されています。

　まず、最近の団塊世代の大量退職に伴い、職員構成が大きく変更するため、合格予定者数を毎年変更している場合もあります。また要綱の発表に合わせて、前回の有資格者数、申込者数、受験者数、合格者数も報告されることが多いかと思います。こうした情報と合わせれば、今回の倍率なども概ね予測することが可能です。このような分析をすることにより、「今年は去年より少し楽だな」とかある程度比較することが可能となり、場合によっては少し気持ちが楽になります。

　次に、評価基準です。当然のことながら、筆記試験の結果だけでなく、勤務評定もその大きな要素になっていることもこうした要綱で確認できるかと思います。通常は、「日常の勤務成績などを評定する」などと、簡単にしか書かれていませんが、これも重要な情報で

§1 受験にあたって

す。また、論文の評価基準についても、問題意識・表現力など、具体的な評価項目について書かれていることもあります。自治体によっては、大まかな出題傾向が記載されていることもあるようです。

その他にも、受験資格や選考日、選考会場などにも注意が必要です。受験資格は自分で確認しなくても通常は大丈夫ですが、疑義がある場合は所属を通じて人事担当に問い合わせてみると良いと思います。また、選考日、選考会場などをまさか間違えることはないと思いますが、私の知る限りでは本当に時間を間違って遅刻した人がいました。つまらないことで1年間を棒に振っては、元も子もありません。

以上、要綱等について説明しましたが、できれば要綱が発表される前に、前年度のものを早い段階で確認しておいた方が良いと思います。要綱が毎年大きく変更することは稀ですので、なるべく早めに確認し、試験対策を講じておいた方が良いと思います。そして、実際に自分が受験する試験の要綱が発表された場合は、変更がないか、改めて確認しておくぐらいの余裕があった方が良いと思います。

§1-3 上司にアピールする

次に、上司にアピールする、ということです。

これを読むと、「上司にアピールするなんて、かっこ悪い！」と怒る人がいるかもしれません。私も、何も大げさに自分を主張しろ、とは言いません。しかし、上司には「合格したい！」という気持ちを伝えておくことが必要です。かっこつけて、「自分は勉強してません」というような態度をとることは、時間の無駄になります。その理由を説明したいと思います。

まず、勤務評定を始め、あなたを採点するのは誰でしょうか。論文試験の場合は、名前を隠し、複数で採点するのが通常です。このため、採点者があなたの名前がわかった上で、採点するということは普通ありえません。

しかし、勤務評定などは直属の上司が直接つけるわけです。みなさんも想像してほしいのですが、同じ課内で複数の受験者がいて順番をつける場合、勉強していることが明白な職員とそうでない職員とでは、どちらに良い点をつけるでしょうか。これは、自明の理だと思います。何も、**上司に媚を売れということではなく、勉強しているのであればその旨を伝えた方が良い**、ということなのです。

上司は日頃の勤務態度を見れば、概ねそれに準じた評価をしていると思います。しかし、職員によっては

§1 受験にあたって

　試験となると急にポーズをとって、「勉強していることをアピールするなんて、みっともない」と考える人がいます。しかし、それによって上司は「彼（彼女）は本当に合格するつもりがあるのか？」と疑心暗鬼になり、良い点数をつけられません。やる気がない職員に高い点数をつけたりすれば、部長から管理能力を問われることになりますから。

　論文が試験科目であるならば、必ず自分の上司に添削してもらうことです。それによって、さりげなくアピールしましょう。もちろん、論文の相性（この点は後で説明します）が悪く、上司の意見はちょっと取り入れられないなあ、と考えた場合でもきちんと礼を言い、感謝の気持ちを示しましょう。管理職であれば、論文に相性があることは知っていますから、その後修正した論文を上司に見せなくても、上司が怒ることはないと思います。良好な関係を維持しておくことは、言うまでもありません。

　ちなみに、少し余談になりますが、論文の採点は公平を期すために、先ほども述べたように名前を隠して採点します。それにも関わらず、受験生の中で論文に「私は○○課△△係で××を担当しています」というように、個人を特定できるような記述をする人がいます。これは、論文試験の趣旨がわかっていないということになりますので、注意が必要です。

　論文の課題によっては、「あなたの担当する業務について説明し、課題と改善策について記述してください」ということもありますが、この場合でもできる限り個人が特定できないよう、注意を払うべきです。

§1-4 一発合格を目指す

次に、一発合格を目指すということです。

東京の特別区の中には、以前、「○○区の主任試験は3回受験しないとまず合格しない」などと言われる時代もありました。特別区職員研修所の主任研修で他区の職員と一緒になると、それぞれの区の状況がよくわかりました。3回受験しないと合格しない区もあれば、1回目で90％以上が合格する区もあり、本当に区によって様々な事情があり、もちろん試験内容なども異なっていました。これもある意味では、各区の人事政策の1つなのでしょうが……。

ちなみに、最近では勉強した人はすぐ合格し、勉強していない人はいつまでたっても合格しないという実態があるようです。もちろん試験結果だけでなく、日常の勤務も大きな要素であることは言うまでもありません。

さて、**一発合格を目指すことは、いろいろな点でメリットがあります。**何と言っても、初めての経験ですから、過去失敗した人よりもモチベーションが高いということです。1回失敗すると、「また落ちたらどうしよう」と考え込み、なかなか勉強に集中できず、非効率に陥ってしまう可能性があります。1回目ほど、気力が充実しているときは他にないと思います。

2回目以降は、どうしても職場や同期の視線などが

§1　受験にあたって

少なからず気になります。もちろん、家族からの反応もあるかもしれません。自分では気にしないと思っても、やはり気になるものです。さらに、不合格が何年も続くとモチベーションも下がり、だんだんと落ちても当たり前と思うようになってしまいます。やはり、1回で合格する方が精神衛生上からも望ましいのです。

その他にも、一発合格には、参考書やテキストを買うなど新たな出費を抑えられる、家族や友達との時間を確保できる、上司からも期待され新たな仕事を任せられる、給料が上がる、職場の人がお祝いにおごってくれる、などいろいろなメリットがあります。

以上のことから、受験する人はやはり1回で合格することを目指しましょう。「勉強しているなんてポーズをとるなんて、格好悪い」などと言わず、試験は試験と割り切ってさっさと1回で済ますよう万全を尽くしましょう。

もちろん家庭の事情や、その他の要因でどうしても1回で合格できなかった場合でも、なるべく早期に合格することを目指しましょう。何回も不合格を繰り返し、気持ちが萎えてしまうことは、避けるべきです。

当たり前のことながら、試験の結果によって、人間の評価が決定するわけではありません。単なるノルマの1つと思って、効率よく情報収集、勉強し、一発合格を目指してください。

§1-5
金を惜しまず時間を惜しむ

　次に、金を惜しまず時間を惜しむということです。
　試験にあたっては、この点は肝に銘じておいてください。試験勉強するには、当然のことながらある程度の時間が必要です。しかし、昇任試験を受験しようとする方で、仕事が暇だという人はあまりいないと思います。また、職場や友人との飲み会など、おつきあいも無碍(むげ)に断ることも難しいかと思います。さらに、家庭を持っている方は、夫（妻）や子どものこともあり、時間の確保はそれだけで大きなテーマだと思います。
　しかしながら、自分の生活の中で、どれだけ時間を確保できるかは十分に検討する必要があります。管理職試験のように、ある程度暗記する科目がある場合は、やはりまとまった時間が必要です。
　これは人によって違うので、みなさんも自分なりの方法で時間を見つけてください。ちなみに私は管理職試験の際、早起きして出勤前に勉強することを中心としました。朝は静かで集中もでき、気力も充実しています。また、まとまった時間の確保が可能だったからです。もちろん、昼休みなどの細切れの時間も活用しましたが、基本的には朝中心でした。このため、飲み会を断ることもあまりありませんでした。
　とにかく、**時間の捻出は受験生の大きなテーマです。自分自身の生活パターンを振り返り、勉強に当てられ**

§1　受験にあたって

る時間を総点検してみてください。時間の浪費だけは惜しんでください。

　一方で、勉強に要する支出は惜しまないことが大事です。よく参考書や問題集を先輩から譲り受け、それだけで済まそうとする人がいます。しかし、早期合格を目指す以上は、必要なテキスト等は惜しまずに購入した方が、合格を1年遅らせるよりも、結局は得になります。これは、合格後の昇給とテキスト代を計算すればわかると思います。

　何も無理してたくさんのテキスト等を購入する必要はありませんが、必要かなあと思ったらためらわず購入し、手元に置いておきましょう。100％読み込むということはないかもしれませんが、何かの疑問点に遭遇した時に解決策が見つかることもあるかもしれません。また、購入することを躊躇する書籍であれば、他の受験生も持っていないことも想定されますから、それだけで多少優越感に浸れるかもしれません。

　ちなみに、購入する前にはインターネットのアマゾンなどで内容や評判を確認したり、図書館で閲覧するなど、本の概要を知ることができますから、是非利用してみてください。

§2-1 論文とは何か①

論文は誓約書

　論文を作成するためには、まず「論文とは何か」ということを知る必要があります。論文とはどういう目的で書かれるのか、採点者はどういったポイントを評価しているのか、など、論文という相手の正体をきちんと確かめないとそれに対応することはできません。ゲームに例えるならば、ゲームの目的は何か、そしてどのような方法・手段でその目的を達成できるのか、をまず把握しておくことがゲーム攻略の第一歩となるわけです。論文についても、同様のことが言えます。

　そこで、最初に「論文試験とは何か」ということについて何点か説明しておきたいと思います。

　論文の性格の第1として、「論文は、あなたが昇任したら、何をしてくれるのかを記載した誓約書・契約書である」ということです。

　中堅職員を対象とした主任選考を例に考えてみましょう。そもそも、なぜ選考の科目として論文が課されているのでしょうか。先に答えを言えば、人事担当者は論文によってその職員が主任としてふさわしいのか、ということを見ています。これは考えてみれば当然です、主任選考なのですから。

　しかし、このことから2つの点を導き出すことができます。1つは、論文はあなたが主任になったら何をするのかを述べる文章である、ということ。もう1つ

§2 論文とは何か

は、昇任選考で求められる論文は行政の実務担当者としての論文である、ということです。

ですから、皆さんは論文試験の勉強をする際、常に自分の周りの主任を念頭に置いて、自分が主任だったらどうするのか、常に考える習慣を持ちましょう。しかし、多くの自治体では一般の主事と主任との職務上の違いはあまり明確ではありません。そこで、主任というポストを考えるにあたっては、「新人職員ではなく中堅職員としてどうすべきか」という意識を明確に持ちましょう。みなさんはもう新人職員ではなく、すでにベテランなのです。

自分は主任として窓口で住民にどう説明したらよいか、中堅職員として係をどうまとめていくべきなのか、新人職員にどのように指導していくべきか……など、論文の身近な素材は毎日の仕事の中にたくさんあるのです。新人職員の視点ではなく、あくまで中堅職員の視点で考えることが重要です。この意識が、勉強の第一歩です。これは、係長試験でも管理職試験でも同様です。

単なる論文の「お勉強」では論文は書けません。**皆さんが行政の実務担当者である主任・係長・管理職として何をしてくれるのか、を記載した文書が論文と**なるわけです。

このように、昇任選考科目としての論文は、大学受験の論文とは全く性格が異なるわけです。ですから、参考論文をつなぎあわせても良い論文は書けませんし、すぐに見抜かれてしまいます。

§2-2 論文とは何か②
試験論文は研究者論文とは異なる

　昇任選考における論文の性格の第2として、「昇任試験論文は研究者の論文とは全く異なる」ということです。

　前項目で、「論文は、あなたが昇任したら行政実務担当者として何をするのかを記載した誓約書である」と説明しました。そのことを十分理解していただければ、研究者論文と異なることは自明の理なのですが、この点については勘違いされる方が非常に多いので、あえて説明をしておきたいと思います。

　論文というと、大学受験や研究者・学者の発表する論文をイメージされる方がいます。そうした論文とは、「自分が○○します」ということではなく、「△△は××べきだ」というような、あるべき論や理想論が記載されています。それは、簡単に言うと当事者意識を持って書いた文章というよりは、第三者である客観的立場からあるテーマについて論じる文章ということになります。そのため、極論すれば書き手にとってその論文は1つの提言であって、責任をもってその内容を実現するという性格のものではありません。だからこそ、研究者の論文なのです。

　しかし、昇任選考における論文は違います。あなたが昇任選考のために作成する論文は、「昇任したら自分は○○します」、という強い当事者意識に裏打ちさ

§2 論文とは何か

れた文章でなければなりません。だから、論文は誓約書であり契約書であるわけです。しかし、実際に受験者の論文を採点してみると、論文そのものの認識を間違っている人がとても多いのです。

どこかの参考文献から丸写しされたと思うような論文——「市町村合併は○○であるべきだ」「係長は△△すべきだ」など、まるで他人事のような文書が多いのです。そのような**評論家的な論文は、どんなに立派なことが書いてあっても、昇任選考の論文としては論外です**。そのようなスタンス、立場で記述してあれば、採点者は一読しただけで「これは、昇任選考の論文ではない」として、はじいてしまうでしょう。これらは論文の体裁はとっていても、昇任選考用ではないので、決して合格することはありません。

しかし、残念ながらこうした論文が非常に多いのです。これは、「試験科目に論文がある！」と思うと、すぐに専門誌や新聞に掲載されている学者や研究者の論文だと早合点してしまうことから生じる間違いのようです。試験の前には、やはり最初に「論文とは何か」ということを確実に理解しておくことが、論文作成の第一歩なのです。

§2-3 論文とは何か③
論文には型がある

　論文の性格の第3として、「論文には型がある」ということが挙げられます。これは、みなさんが受験する試験の要綱等を見ればわかるかと思います。この型について、代表的なものをいくつか説明します。**自分が受験するものがどのようなタイプに属するのか、前もって十分確認しておきましょう。**

　第1に、対象です。主任選考か係長選考かによって当然求められるものは異なります。また、冒頭に「論文は誓約書だ」と言いましたが、主任と係長では当然その内容も異なってくるわけです。係長論文なのに、内容が主任と変わらないものであれば、不適格なのは言うまでもありません。主任の役割は何か、係長には何が求められているのか、を押さえておきましょう。

　第2に、字数です。私が受験した時は、主任選考では800～1,000字、係長選考で1,100～1,500字、そして管理職試験（特別区Ⅰ類）では1,500～2,000字程度となっていました。当然のことですが、字数が1,200～1,500字と規定されている場合は、1,200字未満や1,500字を超える論文は、内容に関わらずそれだけで減点の対象となると考えていた方が良いと思います。「程度」となっている場合には、最大字数の1割まではオーバーしても大丈夫なようです。ただし、あまり超過しない方がやはり無難でしょう。

§2 論文とは何か

　第3に、答案構成です。これは、当然のことながら字数に大きく影響することとなります。1,500字未満であれば3段落構成、1,500字以上であれば4段落構成が目安と思われます。4段落構成とは、論文を序章（与えられた課題の重要性、課題の背景について）、問題点（課題に対し問題点を3点挙げる）、解決策（問題点に対応した解決策を3点挙げる）、終章（新たな課題や決意表明など）に分類します。3段落構成の場合は、問題点と解決策をまとめて記述します。

　第4に、問題形式です。通常、論文の試験問題は「職場もの」（自己啓発、職員のコミュニケーション、人材育成など内部管理に関するもの）と、「課題もの」（危機管理、行財政改革、高齢者福祉など、具体的な行政の課題に関するもの）に区分できます。また、最近では自分の職務に関する問題点や解決策などについて論じるものもあります。管理職試験では、職場もの・課題ものがそれぞれ出題されますが、主任や係長選考では特色ある問題を出題している自治体もあります。

　以上、代表的な論文の型について説明しました。しかし、これらはあくまで代表的なもので、他にも独自の問題や形式をとっている場合もありますので、必ず要綱等で確認してください。

　なお、自治体によっては論文ではなく作文を試験科目としている自治体もあります。作文は、通常、感想や経験など感情を書くことを中心とした文章であり、論理性は不要とされています。しかし、単に文字数が少ないだけで、実際は論文と変わらない場合もありますので、注意が必要です。

【参考】

1 対象 ── 主任選考と係長選考

　主任試験と係長試験では、求められる論文の内容も異なってくる。主任・係長それぞれの役割を確認する。

	役　　　割
主　任	①係の中心的な業務を担う ②係長と職員のパイプ役…係長と職員の調整を図る ③係長の補佐…係の目標が達成できるよう、係長を補佐する ④後輩職員の指導…必要に応じ助言を行う
係　長	①仕事の管理…係に分担された仕事の進捗状況を確認し、達成する ②組織の管理…職員の能力を引き出し、係として最大の効果をあげられるよう配慮する（リーダーシップ、コミュニケーション） ③職員の指導・育成…職員一人ひとりに応じた指導・育成を行う ④課長の補佐…課全体の課題を達成するために、課長を補佐する

2 字数と構成 ── 4段落構成と3段落構成

　1,500字以上であれば4段落構成、1,500字未満であれば3段落構成が目安。どちらの形式で答案を作成するかは、あらかじめ決めておく。

	内　　　容
4段落構成	①序　章…与えられた課題の重要性や、課題の

	背景について言及する ②問題点…課題に対し問題点を3点挙げる ③解決策…問題点3点に対応した解決策3点を述べる ④終　章…解決策実施後に想定される新たな課題や決意表明を記載
3段落構成	①序章 ②本論…4段落構成の問題点と解決策を合わせたもの ③終章

3　問題――職場ものと課題もの

　問題は「職場もの」と「課題もの」に分類されるが、最近の東京都主任試験では、職務に関連した出題という新たな出題形式となっている。過去問を確認し出題傾向を把握するとともに、試験制度改正についても注意する。

	内　　　容
職場もの	<u>自己啓発、係内のコミュニケーション、人材育成等、内部管理のもの</u> ・住民の信頼と多様化する行政課題に対応する職場づくりについて、あなたの考えを述べなさい。 ・効率・効果的な職場運営と係長の役割について、あなたの考えを述べなさい。
課題もの	<u>危機管理や行財政改革等、具体的な行政の課題に関するもの</u> ・危険を未然に防止すること、被害を最小限にくい止めることが、「住民の生命・財産を守る」ことになります。そのためには、行政はどのように取り組んだらよいかあなたの考えを述べなさい。

	・コスト意識と特色ある施策の展開について、あなたの考えを述べなさい。
※東京都型	職務との関連を重視した問題形式 例1　都政全体の課題とあなたの業務等の関連について、次の(1)、(2)に分けて述べてください。 (1)　次の都政に関するテーマからひとつ選び、あなたの業務や職場、または所属局の施策との関連について、簡潔に述べてください。（300〜500字程度） 　・少子高齢化 　・東京の活力 (2)　(1)で述べた内容について、どのような問題意識を持っているかを述べ、その解決策等について、具体的に述べてください。（1,200〜1,500字程度） 例2　あなたの職務経験に関して、次の(1)、(2)に分けて述べてください。 (1)　あなたが現在たずさわっている職務や職場において努力していることについて、簡潔に述べてください。（300〜500字程度） (2)　(1)で述べた内容について、どのような問題意識を持っているかを述べ、困難な課題に対し、どのように取り組んでいるか、具体的に述べてください。（1,200〜1,500字程度）

【参考 論文と作文】

　自治体によっては「論文」ではなく、「作文」が課題となっている。両者の違いを理解する。ただし、「作文」と謳っていても実際は「論文」と変わらない場合もある。

	内　　容
論　文	テーマについて、論理的に自分の考え・意見を記述した文章。
作　文	感想や経験などの状態や感情を書くことを中心とした文章。相手の感情に働きかけるもので、論理性は不要。

§2-4 論文の評価基準

　ところで、そもそも論文はどのように採点されているのでしょうか。もちろん、採点方法、評価基準については通常発表されていないことが普通ですから、完全に解明することはできません。

　ただし、ヒントはあります。1つは、みなさんの受験する試験の要綱に、完全ではありませんが記載されています。例えば、要綱に、論文は「日頃の実務経験により培われた知識、能力、問題意識等を検証する」などと書いてある場合です。特別区の管理職選考では、要綱に「表現力、論理性、問題意識等について、事務系・技術系それぞれ課題式により評定します」と記載されています。また、少し古いですが平成13年12月に特別区人事委員会から発表された「管理職選考制度の改正について」という文書には、「管理職の業務を遂行するうえで必要な表現力、論理性、問題意識等を検証する」ということが明記されています。こうした公に発表される文書から、何が評価基準となっていることはある程度探ることができます。

　また、かつて特別区人事委員会にいた方が記した『地方公務員採用・昇任必携－問題作成の技術－』（森田昭次郎他・学陽書房）には、こうした地方公務員の採用・昇任選考に関わる評価基準についても記述されており、評価項目として問題意識、判断力、構想力、

§2 論文とは何か

表現面として構成、論理、語彙、の合計6項目を挙げています。ちなみに、この本はこうした試験の内容についてかなり詳しく書かれていますので、余裕のある方は是非お読みください。

では、以上を踏まえ、評価基準についてどのように考えれば良いのでしょうか。もちろん、実際の評価方法については、それぞれの試験により異なりますので安易に断定することはできません。しかし、先の要綱や関係文書等を考えると、私は**問題意識、論理性、表現力の3点に集約できる**と考えています。この3点については、個別に記載しますが、大まかに次のように言えるかと思います。

問題意識とは、論文の内容が主任（または係長、管理職）として適切な内容・レベルになっているか。論理性とは、論文の記述に論理的に飛躍や矛盾がなく、論理的に記述されているか。そして、表現力は文書が簡潔・明瞭であるか、といった点です。採点者は、この3つを基本にさらに細かい評価項目（例えば、表現力であれば文字数は適切か、など）に従い、採点をしていると思われます。そこで、次ページ以降で、それぞれの評価項目について検討し、みなさんが実際に論文を作成する際にどのような点に注意しなければならいのか、押さえておきましょう。

§2-5　論文の評価基準①

問題意識

　では、最初に論文の評価基準の１番目、問題意識です。この問題意識は、主に３点に分けて考えることができます。

　第１に、与えられた問題に対して解答しているか、ということです。これは考えてみれば至極当然のことで、「何でそんな当たり前のことを！」と思うかもしれません。しかし、論文の森に迷い込んだ人ほど、このことは強く感じるのではないでしょうか。よくありがちな受験生のパターンとして、合格論文を暗記して試験に臨んだものの、当日の課題と暗記論文がかみ合わず、暗記したものをそのまま書いてしまう、ということがあります。その結果、当日の課題からは想定できないような答案が作成されることとなります。実際に論文を添削してみると、残念ながらそうした論文に多々お会いしていまいます。こうした準備論文と当日の課題との接着方法については、後ほど説明しますが、「与えられた問題に答えていなければ論文にならない」ということは、よく覚えておいてください。聞かれてもいないことに、いくら立派な文章を書いてもムダです。

　第２に、問題点・解決策の内容がバランス良く、かつ一定のレベルに達しているか、ということです。これは言葉にするのは簡単で、実際に説明するのは難しいのですが、バランスとレベルに分けて説明しましょう。

まずバランスですが、仮に「住民との協働に対しどのように取り組むか」という課題があり、それに対して問題点を指摘することを想定しましょう。その場合、例えば①職員の意識、②組織上の問題、③制度上の問題、など様々な観点から記述することが必要です。それを、職員の意識だけで、似たような指摘を3点記載したとすると、それは論文としては浅く、深みがありません。逆に言えば、受験者の視点の狭さを強調する結果となり、かえってマイナスとなってしまいます。

また、レベルについては、例えば解決策であれば、その解決策が個人的な思いつきなどではなく、先進地域の事例があるとか、学術的な理論がある、などきちんとした根拠があることが必要です。ある程度のレベルに達している解決策を記述するためには、当然調べなければなりません。私たちが普通に考えて思いつく程度の解決策であれば、とっくに誰かがやっています。採点者を納得させるレベルであるためには、それなりの根拠・理由が必要です。

第3に、新鮮さと現実性があるか、ということです。新鮮さとは、簡単に言えば、試験当日でなければ書けないような話題、トピックを入れるということです。昨年の合格論文の丸写しでは、ダメです。最近の話題が入っているだけで、採点者の印象は大きく異なります。また、現実性とは実際にその解決策が実現可能ということです。いくら立派な解決策を記述してあっても、机上の空論では意味がありません。評論家的な記述は、昇任試験の論文ではありません。

§2-6　論文の評価基準②

論理性

　次に論文の評価基準の2番目、論理性です。論文は、文字通り物事を論理立てて記述する文章ですから、論理的でなければなりません。実際にどうやって論理を構築するか、ということについては後程説明しますが、ここではダメなパターンを確認しておきましょう。

　第1に、論理的矛盾です。論文の場合、非常に長文になります。このため、論文全体を見渡すと矛盾しているというケースが発生します。例えば、最初に「自治体の全事業を費用対効果の観点から抜本的に見直し、歳出抑制に取り組むべきである」と記述しておきながら、別なところで「少数の住民ニーズに対しても積極的に事業化を行うべきである」などと記述していることがあります。このような場合、採点者は「前に言っていた歳出抑制はどうなったの？」と思ってしまいます。論文に矛盾がないことはもちろんですが、矛盾を感じさせるような記述については、前に記述したこととの関係について言及するなどの配慮が必要です。

　同じ段落の中で矛盾しているということは少ないのですが、長文になればなるほど、こうした論理的矛盾が発生していることがよくあります。

　第2に、論理的飛躍です。例えば、論文の冒頭で「現在、自治体を取り巻く財政状況は非常に厳しいものがある。しかし、だからこそ地域に夢と活力を与え

る事業展開が求められている」などと記述していることがあります。なぜ「厳しい財政状況」だと、「地域に夢と活力を与える事業」が必要なのか、ということが明確ではありません。論文を書いている本人としては、わかっているつもりなのでしょうが、読んでいる方にはわかりません。また、筆の勢いということもあるかもしれません。しかし、こうした論理的飛躍が1つでもあると、一気に論文の信頼性を損ねるのです。

　ちなみに、この場合でしたら「厳しい財政状況の中、現在、まさしく自治体の真価が問われている。このため地域に夢と活力を与える事業展開が今こそ求められている」というように記述するとわかりやすいと思います。

　第3に、記述全体がバラバラな場合です。例えば、「コスト管理を徹底した仕事の進め方」という課題であった場合、その問題点として①非効率の事務執行、②無駄な印刷が多い、③職員の費用対効果意識の欠如、という3点を挙げたとします。しかし、この3点には重なる部分もあり、明確な区分になっていません。職員の費用対効果意識が欠如しているからこそ、非効率な事務執行が行われ、無駄な印刷が多くなるのです。ですから、この3点の指摘はバラバラということになり、論理的とは言えないのです。

　ちなみに、この課題であれば、①職員のコスト意識の低さ（職員意識の問題）、②コピーの裏面用紙の活用など庁内体制の確立（組織上の問題）、③事務事業全体について費用対効果を明確にする行政評価の活用（制度上の問題）、などの区分が良いかと思います。

§2-7　論文の評価基準③

表現力

　次に論文の評価基準の3番目、表現力です。表現力については、文章がわかりやすいか、表現が適切であるか、ということがポイントになります。注意点をいくつか挙げましょう。

　第1に、簡潔明瞭であるということです。昇任論文は人に読んでもらうものですから、当たり前のことですが、読んで理解できる文章でなければなりません。採点者は何本もの論文を読むわけですから、論旨が明快でわかりやすいことを求めています。何回も読み返さないと何が書いているのかわからない、理解できない、というのでは困るわけです。受験生の答案に見られるものとして、文字数が少ないため、やたらと修飾語をくっつけて文章を引き伸ばしているものがあります。こうして文章を無理やり長くしていることは、既に中身が薄いことの証明なのですが、採点者にはすぐにばれてしまいます。また、一文そのものが長いということ自体問題です。

　論文は長文であるため、作成するためには非常な労力を要します。しかし、最初からあの長文を答案用紙に書こうとするから、無理が生じるのです。実際に論文を書き出す前には、論旨を組み立てて、どのような論理展開をするのか、どういった理論武装をするのか、という設計図を描くことが必要です。そうした作業も

なく、いきなり文章を書き出すのは、無謀という他ありません。

第2に、文学的表現を用いていないか、ということです。論文は、行政実務担当者が昇任するに相応(ふさわ)しいか否かを判定するためのものです。与えられた課題について、自分の主張を論理的に説明し、証明するものです。小説や随筆などの文学的文章とは異なり、読み手の感情に訴えたり、筆者の気持ちに思い巡らす性格の文章ではありません。論文は説明的文章であり、数学の証明に近いものと言っていいかもしれません。このため、論文の中に文学的表現を用いることは適当ではありません。これまで私が添削してきた論文の中で、次のような表現にお会いしたことがあります。「巨大な氷山のごとく改革に対する壁が、我々の前に立ちはだかっている」……。こうした表現を採点者が見たら、どう思うでしょうか。あくまでも昇任試験としての論文です。行政に携わる者として、簡潔明瞭に粛々と記述してください。

第3に、統計データなど、客観的資料を用いているか、ということです。自分の論文の正当性を主張するためには、単なる思いつきや他人の論文の引用だけでは説得力に欠けます。「○○市（区）民意識調査によると、住民が市（区）に対する施設要望として高齢者施設が○％と最も多い」、などと記述するだけで説得力が増します。また、こうした客観的データは事実ですので、それ以降の論理展開がしやすくなります。このように自分の主義主張を展開するためには、こうしたデータ収集は有力な方法の1つです。

§2-8 論文の相性

 論文試験とは何か、という話を進めてきました。ここでは、論文の難しさを証明する1つの例として、論文には相性がある、という話をします。

 論文は、まさに十人十色、人によって様々です。論文を上司や先輩に添削してもらったことがある人なら、このことはすぐに納得できるのではないでしょうか。先に、「論文は数学の証明に近い」と書きましたが、100%数学の証明と同じだとは断言できないのは、解法が1つだけでなく、いろいろな解答方法があることです。人の好き嫌いと同様、好みがあるのです。

 自分の経験で恐縮ですが、主任試験・係長試験・管理職試験とそれぞれで多くの先輩・管理職の方に添削を依頼しました。もちろん、共通して同一カ所について指摘されることもありますが、どちらかと言うと、指摘はバラバラだったことが多かったと思います。先輩や上司はそれぞれに添削をしてくれましたが、自分自身納得できるものあれば、納得できないものもあります。みなさんは「だったら、どうすれば良いんだ！」と思うかもしれませんが、これがまさに論文を難しく感じさせる大きな原因なのです。

 結論から言えば、自分が納得できるものを取り入れ、納得できないものは捨てるしかありません。納得できないものを取り入れても、自分のものになっていない

ため、その後さらに直す必要が生じても、自分で修正することは困難です。

そこで、注意点を3点説明します。

第1に、なるべく多くの人に論文を見てもらい、添削をしてもらうことです。ただし、当たり前ですが、添削者はその試験に合格していることが最低条件です。できれば、採点者となる管理職である方が確実です。実際に採点している可能性があるわけですから。なお、同じ受験者同士が添削し合っても、それはお互いを慰め合うだけになってしまいますから、時間や精神衛生の面からも止めた方が良いと思います。

第2に、自分が納得できる採点者に出会ったら、なるべくその人に直接指導してもらい、書き直した論文を見てもらいましょう。論文の添削は、結構大変です。添削者はすべてを丁寧に書いているとは限りません。ですから、なるべく直接会って意見を聞く方がより効果的です。自分の論文のスタイルがその添削者に合致しているわけですから、その方に見てもらうことが自分のレベルアップにとって最も近道です。

第3に、必ず自分の上司に見てもらうことです。相性が合う、合わないは、別にして自分の直属の上司に論文を見てもらうということは、自分が勉強していることのアピールになります。先にも書きましたが、何も自分が勉強しているということを宣伝しろ、ということではなく、試験に向けて着実に取り組んでいるということを示せば良いのです。勤務評定をつける上司にゴマをするのではなく、勉強していることを示すことが大事なのです。

II　基礎編

§1-1 論文の作成手順

 これから実際の論文の作成手順について説明していきます。
 実際に論文を作成する手順としては、①論旨をつくる、②レジュメにまとめる、③実際に文章にする、の3段階に区分して考えるとわかりやすいと思います。
 まず、論旨をつくる、とは論文の骨格部分をつくることです。長文の論文をいきなりつくるというのは、正直無理です。よく参考書にはレジュメからつくる、というのもありますが、これもなかなか難しい作業です。そこで、まずもっと簡単に論文について自由な発想で、いろいろなアイデアを出していき、そこからだんだんと論文の形にまとめていきます。
 ただし、論旨をまとめる段階で必要なことは、論理の法則を用いるということです。試験はあくまで論文なのですから、論理的な文章であることが最低条件です。個人的な勝手な感想や思いをつづった文章とは異なるのです。自分の主張を論理的に説明していかなければならないのです。そのため、いくつかある論理の法則を用いながら、文章化していくことが必要なのです。
 次に、レジュメにまとめるとは、論旨を整理することです。論文の骨格である論旨を論文にするため、整理するのです。論旨がある程度しっかりできていれば、

§1 論旨をつくる

それほど苦労なく、作成することができます。

そして、最後に実際に文章にして論文を完成させます。論旨、レジュメとできていれば、もう難しいことはありません。簡潔・明瞭を心掛けて文章化していく作業です。

以上の3つの工程を踏まえ、論文を完成させます。いきなり長文である論文を書き始めることは、無理な話です。しかし、論文完成までに作業を分解して、1つ1つ積み上げていけば、決して難しいものではないのです。そして、大事なことは、この作業を通じてみなさんが論理的な考え方、思考訓練をすることです。これにより、当日予想もしない問題が出題されたとしても、対応することが可能となるのです。丸暗記していた論文と違う課題が出されたら、もうお手上げ、ということが避けられるのです。

また、冒頭にも書きましたが、まず自分で1本論文を完成させると、2本目、3本目を作るのは1本目よりもずっと簡単になります。これから先程の手順に従って、論文を作っていきますが、みなさんはこれからの説明を単に読むだけでなく、自分で論文をつくりながら読み進めていってください。単に読むだけよりもずっと理解力が高まり、論文の実力がつきます。

その際、自分で作りたいと思っている論文の課題を1つ設定してください。選び方は、過去問でも予想問題でも何でも結構です。ただし、最初はあまりマニアックな問題ではなく、一般的なものが良いと思います。

§1-2
問題文の変換

 では、最初に論旨をつくる作業から始めます。論旨は論文の骨格であり、設計図だと考えていただければ良いかと思います。論文の構成をどうするのか、という論文の基礎となる部分ですので非常に重要です。皆さんは、自分で設定した問題について、自分の頭で考えながら作業をしてください。

 まず行うことは、問題文の変換です。簡単に言えば、試験問題にありがちな「住民の信頼と多様化する行政課題に対応する職場づくりについて、あなたの考えを述べなさい」とか、管理職試験の「住民生活とこれからの市（区）政」のような**無味乾燥な問題文を変換し、自分なりに問題文を解釈するのです。これは問題文を自分の身近なものとすることが目的です。**

 ポイントは2点です。1つは、主任試験であれば主任、係長試験であれば係長の立場になるということです。2つ目は、あなたが何をするのか、ということを明確にするということです。

 問題文の変換例を挙げましょう。例えば、「住民との協働と市（区）政」であれば、先の2つのポイントをおさえ、「市（区）民と協働するために市（区）は何を行っていくべきか、管理職としてのあなたの考えを述べなさい」というように変換できます。また、先の「住民の信頼と～」であれば、「現在、行政課題は

非常に多様化していますが、住民の信頼を得られる職場を作るため、係長としてあなたが何をするのか書きなさい」というように変換すると問題文がより理解しやすくなると思います。

　この問題文の変換は、みなさんもいくつかの問題文を使いながら練習してみてください。そうすると、少し論文がわかりやすくなった気になると思います。問題文の趣旨を逸脱しない範囲で、みなさんも変換を行っていただき、問題をより身近に感じるよう訓練してみてください。

　ただ、1点だけ注意をしておきます。先の「市（区）民との協働と市（区）政」のように、「AとB」というような問題パターンがあります。こうしたパターンの問題文を変換する場合、内容の小さい方に軸足を置いて解答します。例えば「分権化の進展と市（区）政」の場合は、全国的な地方分権について論じるということではなく、地方分権の潮流の中で、市（区）はどうするのか述べなさい、という変換になります。同様に、「人口構造の変化とこれからの市（区）政」であれば、全国的な人口構造が変化する中で、今後市（区）は何を行っていくべきか、管理職としての立場から論じなさい、というように変換できます。

§1-3　問題の認識①

否定型発想

　問題文の変換ができたら、次は問題の認識です。与えられた問題について自分の頭で考える作業です。この段階では、まだ資料の収集などは不要ですし、かえって思考の妨げになりますので、あくまで自分の頭で考えるということに注意してください。

　さて、与えられた問題を認識するために、ここでは2つの方法を紹介します。それは、否定型と事態進行型です。

　まず、否定型から説明します。例えば、「住民との協働と行政」という課題だったとします。そこで、問題文を「住民と協働するために行政はどのようにしたらよいのか、管理職としてあなたの考えを述べなさい」と変換しました。そこで、この問題を認識するために、または与えられたその問題が本当に重要な問題なのか確かめるために、問題そのものを否定してみるのです。具体的には「もし住民との協働がなかったら、行政はどうなるのか」ということを考えてみるのです。「住民と協働しない行政」を考えると、いろいろな不都合が思いつくと思います。

　例えば、行政は全く住民ニーズ（住民が行政に望んでいること）を把握しません。このため、行政は住民の意向を無視して、勝手な施策を実施してしまいます。

　また、行政は行政の都合だけを考え、縦割り行政を

§1 論旨をつくる

徹底し、住民にわかりにくい組織とします。すると、住民は窓口のたらい回しにあったりして、住民は行政に違和感を覚えることとなります。

さらに、行政は住民と協働しないことから、民間活力も活用せず、すべての事業を単独・直営で行うこととなります。すると、余計な人件費がかかったりして、ムリ・ムダ・ムラを生じた事業を行うこととなります。

以上は、1つの例ですが、みなさんも「住民と協働しない行政」を考えるといろいろな姿を想像できると思います。これが重要なのです。このように考えていくと、「住民との協働」が非常に大事だということが、とてもよく理解できると思います。これにより、課題の問題点を抽出していくのです。

人間の発想とは面白いもので、「住民と行政の協働は重要であることを論文に書け」と言われるとなかなかアイデアが出ず、文章にしにくいのです。しかし、「住民との協働は重要ではない」と言われると、「そんなことはない」と反発していろいろなアイデアが出てくるのです。このように**問題を否定することによって、逆に問題の重要性を認識できる**のが、この否定型の発想です。

みなさんも、いろいろな問題で発想を展開してみてください。ただし、すべての問題が否定型の発想に対応できるというわけではありませんので、注意してください。また、先のようないろいろな発想は、同じような視点からの指摘だけでなく、組織上の問題、職員の意識の問題、制度上の問題など、幅広く視点から考えることが重要です。

§1-4　問題の認識②

事態進行型発想

　問題の認識方法の2つ目は、事態進行型発想です。これも例を挙げて説明しましょう。

　「人口構造の変化とこれからの行政」という課題が与えられ、問題文を「少子高齢化が進行し人口構造が変化していく中で、行政は何をすべきか、管理職としてのあなたの考えを述べなさい」というように変換したとします。そこで、この少子高齢化が進行していくとどのようなことが想定されるのか、を考えてみるのです。

　例えば、少子高齢化ということは労働人口が減少するということですから、現在と同じレベルでの生産性を維持することは困難となります。同じような生産性を維持するためには、なんらかの対応が必要になります。

　また、人口減少に伴い職員も同数を確保できることはできず、職員が減少することが予想されます。そうすると、職員1人当たりの業務量が増えることが予想されます。

　さらに、税収が減少し、歳入全体が減っていきます。住民ニーズが多様化し地方分権が進む現在の状況では、基礎的自治体である行政の業務が減少していくということは、なかなか予想できませんから、より住民ニーズに沿った事業運営が求められることとなります。

§1 論旨をつくる

　以上も1つの例ですが、この事態進行型発想では、**与えられた課題に対して「○○すると△△になり、△△であれば××となる、××であれば……」、というように話を展開していくのです**。いわゆる「風が吹けば桶屋が儲かる」の考え方です。ただし、この「○○→△△→××……」という流れは、当然のことながら他人が納得できるものでなければなりません。あまりに突飛な展開では、まさに論理的飛躍となり、論理が命の論文としては致命的となりますので、注意してください。

　事態進行型発想は、与えられた課題に対して「……するとどうなる」と問い続けていくことにより、与えられた課題の重要性を認識するのです。

　さて、問題の認識である、否定型発想も事態進行型発想も共通して言えることは、与えられた課題が確かに重要であることを、みなさん自身が認識することにあります。ですから、この段階では資料収集は不要です。

　論文作成には、自分の頭で考え、発想を洗い出す訓練が不可欠です。この訓練が、試験当日に予想もしなかった課題が出された時に対応できる力をつけることにつながります。最初はなかなか良い発想ができないかもしれませんが、何回か練習することにより慣れてくると思います。この作業をするにあたっては、知識は不要です。みなさんの感覚・思考で、考えていくだけで結構です。

§1-5

論旨をまとめる

　さて、問題文の変換、問題の認識まで終われば、論旨をまとめます。これまでの作業も含め、具体的手順について説明したいと思います。

　まず、白紙の用紙を1枚用意し、問題文を書きます。次に、問題文を変換します。「住民と協働するために行政はどうしたら良いのか、管理職としてのあなたの考えを述べなさい」とか「少子高齢化が進行し人口構造が変化していく中で、行政は何をすべきか、管理職としてあなたの考えを述べなさい」のように、問題文を自分に近づけて変換してみるのです。これで、問題文をより切実なこととして捉えることができると思います。

　次に、否定型または事態進行型の発想を用いながら、与えられた問題が本当に重要であるのか考えてみます。そして、そこから具体的な問題点を抽出していきます。

　その後、その指摘した問題点に対応した解決策を考えるのです。解決策を考える際には、①自分が何をするのか（評論家的な書き方は×）、②その解決策が重要と考える理由を明確にする、③具体的にどのように実施するのか、などに注意して考えます。

　以上が論旨を考える手順となります。なお、この論旨を考えるにあたっては、次の2点に注意しましょう。

第1に、短文で考えるということです。「○○は×

§1　論旨をつくる

×だ」のように、なるべく主語と述語だけのシンプルな短文で考えを進めていくのです。この段階で、論文を意識しすぎて修飾語を多く用いると、わかりにくくなり、混乱のもとになります。あくまで、まだ論文の骨格である論旨を頭で考える段階ですので、論文を意識する必要はありません。それよりも、論理を重視してください。単純に1センテンス、1メッセージで、話を展開してみてください。「職員にコスト意識が欠如している　→　事業執行にあたりムダな支出をしている　→　区民に不満が生じる」などのように、シンプルに考えてみてください。

　第2に、ツッコミ用語を使って論理を展開するということです。論理を展開するためには、「なぜ？」「だから何？」などの用語を用いて、自分で自分にツッコミを入れてみることです。代表的な用語としては、「だから何？」「なぜ？」「じゃあ、どうする？」「どうやって？」「結局どうする？」「その根拠は？」「理由は？」などのワードです。こうしたツッコミに応えられないのでは、論理的ではないということになります。

　なお、こうした論旨をつくる作業には、2つの効果があります。1つは、当日の問題が準備論文と異なっても対応ができるということです。こうした論理的思考訓練は、当日の急な課題に対応する力を養ってくれます。2つ目として、論理的思考に慣れることにより、論文作成のコツをつかむことができ、論文が苦にならなくなります。最初は大変だと思いますが、是非この論理的思考に慣れてください。

論旨をまとめる（否定型発想）

図解でマスター❶

【問題文】 住民との協働と行政

> もっと具体的に言うと？
> （SO WHAT？）

問題に対して自分が何をするのか、を明確にする（第三者的立場は×）

【問題文を具体的に言うと・・・】 住民と協働するために行政はどうしたらよいのか、管理職としてあなたの考えを述べなさい。

> なぜそれが重要なの？
> （WHY？）

与えられた問題が本当に重要な問題なのか、反対の立場から考えてみる

【問題は本当に重要か？】 住民との協働がない状態とは？

①住民のニーズ（住民が行政に望んでいること）を把握しない
↓
行政が住民の意向を無視した施策を実施してしまう

②行政の組織が住民にとってわかりにくい
↓
住民が行政に違和感を覚え、行政と住民が一緒にまちづくりを行うことが困難となる

③住民が行政の事業に参加しない。行政が民間活力を活用しない
↓
行政が単独・直営ですべての事業を行うと、ムリ・ムダ・ムラが生じる

※ 問題を否定することによって、問題点を抽出する

§1 論旨をつくる

> じゃあ、どうする？
> (SO WHAT?)

> では、与えられた問題を解決するために、自分は何をするのか、具体的に書く

【解決策を考える】 では、住民との協働を図るために何をしたらいいのか？

①職員一人ひとりが意識改革を行う
- 民間企業への派遣等により「顧客満足主義」を徹底させる
- 窓口に「住民満足調査票」を設置し、意見を職場で話し合う

②住民ニーズに迅速に対応する、簡素で効率的な組織を構築する
- 任用制度を一般職員、係長、管理職の3層制に簡略化する
- 業務の繁閑に応じた柔軟な応援体制を構築する

③事務事業全般を徹底して見直す
- 行政評価システムに住民協働の視点を追加する
- 新規事業の実施にあたってはワークショップの手法を用いる

※ 解決策を考える際には、①自分が何をするのか（評論的な書き方は×）、②その解決策が重要と考える理由は何か、③具体的にどのように実施するのか、などに注意して記述する。

※ 「問題は本当に重要か？」で挙げた問題点と、「解決策を考える」の解決策はいろいろな視点から、できるだけ多く挙げてみる。その後、バランスを考え、3点にまとめる。

論旨をまとめる（事態進行型発想）

図解でマスター❷

【問題文】 人口構造の変化とこれからの行政

> もっと具体的に言うと？
> （SO WHAT?）

問題に対して自分が何をするのか、を明確にする（第三者的立場は×）

【問題文を具体的に言うと・・・】 少子高齢化が進行し人口構造が変化していく中で、行政は何をすべきか、管理職としてあなたの考えを述べなさい。

> なぜそれが重要なの？
> （WHY?）

その事態が進行すると、どのような事態が想定されるか

【問題は本当に重要か？】 少子高齢化が進行していくとどのようなことが想定されるか？

①労働人口が減少する
↓
現在と同レベルの生産性を維持することが困難となる

②職員が減少する
↓
職員一人当たりの業務量が増える

③税収が減少し、歳入全体が減る
↓
より住民ニーズに沿った事業運営が求められる

※ 事態を進行することによって、問題点を抽出する

§1 論旨をつくる

> じゃあ、どうする？
> (SO WHAT?)

では、与えられた問題を解決するために、自分は何をするのか、具体的に書く

【解決策を考える】

①退職者・高齢者を活用する
- 高い技術を持つ高齢者を自治体に登録し、市（区）内中小企業へ派遣する制度を創設
- ハローワークと協力し、シルバー人材センターの事業を抜本的に見直す

②職員の意識改革・能力開発を行う
- 職員を民間企業等への派遣し、民間の経営等を学び、行政運営に反映する
- 人事考課面接を徹底し、職員一人ひとりに応じた能力開発を行う

③事務事業全般を徹底して見直す
- 行政評価システムに住民協働の視点を追加する
- 新規事業の実施にあたってはワークショップの手法を用いる

※ 解決策を考える際には、①自分が何をするのか（評論的な書き方は×）、②その解決策が重要と考える理由は何か、③具体的にどのように実施するのか、などに注意して記述する。

※ 「問題は本当に重要か？」で挙げた問題点と、「解決策を考える」の解決策はいろいろな視点から、できるだけ多く挙げてみる。その後、バランスを考え、3点にまとめる。

§1-6　論理の法則①

既知情報＋新情報＝結論

　さて、これから論理の法則について説明していきたいと思います。これは、ある主張をする場合、それを論理的に説明するための方法です。例えば、論文で問題点を指摘した場合、なぜそれが問題点であると言い切れるのか、その正当性を主張するための方法（技）です。序章や解決策を提示する場合でも、同様です。

　この論理の法則こそが論文の論文たる所以(ゆえん)というわけで、論文が単に書き手の感情や思いを書き綴った文章と異なるのは、こうした論理の法則を用いるからです。論旨を考える際には、こうした法則を用いることが重要です。その方法はいくつかあります。

　最初に演繹法で、三段論法とも言いますが、言葉を覚える必要はありません。どのようなものか、その内容を覚えてください。簡単に言えば、**既に知っている情報（ルール、一般論）を新しい情報（観察事項）に組み合わせて結論を出す**という方法です。例えば、「人間は必ず死ぬ」というルールに、「ソクラテスは人間である」という観察事項を組み合わせれば、「ソクラテスは必ず死ぬ」という結論が出てきます。

　ただ、これだけではわかりにくいと思いますので、論文に用いた例を挙げましょう。「職員は住民の信頼に応えるため、全力で職務に取り組まなければならない」というルールがあります。それに対し「住民から

§1 論旨をつくる

依然、職員の服装の乱れや窓口での不適切な対応が指摘されている」という観察事項があります。このことから、「職員一人一人は接遇の意義を改めて見直す必要がある」という結論を導き出すことができます。これを実際の論文では、接遇の見直しを主張する際に使うのです。

単に、「職員一人一人が接遇の意義を改めて見直す必要がある」と論文に記載するよりは、先のような論理展開をした方が、より説得力があることはお読みいただければわかると思います。

みなさんが、論文を作成する際、「職員一人一人が接遇の意義を改めて見直す必要がある」ということは、当たり前のことで今更説明するまでもない、と思われるかもしれません。しかし、その主張をするために、論理的に説明することこそ論文なのです。「職員一人一人が接遇の意義を改めて見直す必要がある、なんて当たり前だし、採点者だってわかっていることじゃないか」と思うかもしれませんが、論文の際には、それは通用しません。なぜ、そう主張するのか、例えば行政に全く関係ない人にもわかるように、説明することが論文に求められているからです。

ただし、この演繹法は万能というわけではありません。間違った一般論・ルールを用いると間違った結論が導き出されることがありますので、用いる時には注意が必要です。

§1-7 論理の法則②
一般的な規則を見つける

　論理の法則の2番目は帰納法です。

　帰納法とは、「観察されるいくつかの事象の共通点に着目し、結論を導き出す思考法」と言われます。具体的な例としては、「山田さん家の猫はねずみを追いかける」「伊藤さん家の猫もねずみを追いかける」「鈴木さん家の猫もねずみを追いかける」ことから「全ての猫はねずみを追いかける」という結論を導き出す方法です。つまり観察した個別的な事象を積み重ね、一般的・普遍的な規則を見出そうとすることを言います。

　これも一般的な論文を例にしてみましょう。①「ある自治体の調査によると、住民の約25%が『市（区）組織は複雑でわかりにくい』、約70%が『積極的に組織改善をすべき』との結果がある」、②「本市（区）に転入した際、ほとんどの人がまず市（区）民課の窓口で手続きを終えた後、3階の国保年金課、児童課などに行かなければならない」、③「市（区）長へのはがきでは、窓口のたらい回しに対する指摘が依然多い」、などの事実を挙げ、結論として「本市（区）の組織は市（区）民にとってわかりやすい組織にはなってない」とするのが1つの例です。

　裏を返せば、「本市（区）の組織は市（区）民にとってわかりやすい組織にはなってない」との主張をするために、その理由・根拠を列挙するということになり

§1 論旨をつくる

ます。また、後でも述べますが、みなさんが論文作成のため資料収集やデータ探しをする際には、このような目的を明確にした上で情報収集することが必要です。つまり、自分がある主張をするにあたって、なぜそう主張できるのか、その理由を探すために資料を探すのです。やみくもに資料収集することはかえって論文作成の妨げになるのは、目的が不明確なまま資料収集すると、論文の骨格さえも揺らいでしまうからです。

話がずれてしまいましたが、この帰納法はある結論を導くために、その理由となる個別事項を並べることにあります。みなさんも、ぜひ練習していただきたいのですが、例えば「職員にはコスト意識が欠如している」ということを主張したい場合、どのような理由を探しますか。例えば、住民対象に実施している意識意向調査における「職員への要望」の結果ですとか、実際の事業執行にあたりムダに支出している事例、日々の職員の態度、などいくつか考えつくのではないでしょうか。

通常、帰納法というのは個別の事象から一般的・普遍的規則を導き出すことです。しかし、みなさんが実際に論文を作成する際には、**自分が主張する内容の正当性を謳うための理由・根拠収集**と言った方がわかりやすいかもしれません。

帰納法に限らないのですが、書き手がある主張をする場合には、「何でそう言えるの？」という読み手のツッコミに対抗する理由・根拠が必要であり、それがなければ論文とは言えません。ちなみに、その根拠・理由はアンケート結果や統計データなど、数値化されたものの方が、単なる事例紹介よりも説得力があります。

§1-8 論理の法則③

漏れなく、ダブリなく

論理の法則の3番目はMECE（ミッシー）です。これまで説明してきた演繹法（三段論法）、帰納法はどちらかというと、問題点を指摘する場合に用いることが多いのですが、このMECEは解決策を記述する場合に用いることが多いと思います。

まず、このMECEは英語の「Mutually Exclusive and Collectively Exhaustive」の略であり、「相互に排他的な項目」による「完全な全体集合」を意味する言葉ですが、このような言葉を覚える必要はありません。簡単に言えば「漏れなく、ダブリなく」ということなのです。

簡単な例を挙げますと、人間を分類した場合は「男」と「女」に分類できます。「男」と「女」の合計が人間とも言えます。MECEは、このように**それぞれが重複することなく、全体として集合として漏れがない**ことを言っています。しかし、この人間という分類を「男」と「女」以外に「子ども」という分類を持ち出すと、ダブリが出てきてしまいます。つまり、人間を分類する場合は「男」と「女」と「子ども」という分類は不適当なのです。このように、分類するにあたり「漏れなく、ダブリなく」完全に分類整理することをMECEと言います。

次に、具体的な論文の例で考えてみましょう。例え

ば、「職員は自己啓発に努めるべきである」と主張した場合、その具体的な内容として「管理職は○○を行い、係長級は△△を行う。また主任は××を行い、その他の職員は□□をする」などのように、職員を分類して解決策を提示すると、より具体的で説得力が高まります。この例では、職務により分類しているわけですが、管理職、係長級……という分類をしておきながら、途中で「事務系職員は……」などの分類を出してしまうと、「ダブリ」が出てきてしまい論文としての説得力を一気に失ってしまいます。

　このMECEを実際の論文で用いることは少ないかもしれませんが、解決策を具体的に説明する場合、その対象を分類して「漏れなく、ダブリなく」それぞれに記述します。これにより、その解決策の内容をより深く、全体的に記述することになります。

　みなさんが実際の論文の中で、ある解決策を記述した場合には、その内容を分類し、「漏れなく、ダブリなく」記述することを考えると、整理しやすいと思います。

§1-9 論理の法則④
ロジックツリー

　論理の法則の4番目は、ロジックツリーです。ロジック（論理）のツリー（木）のことで、**あるテーマについて掘り下げたり、原因を探ったりするために、階層のツリー状にして考える方法**です。

　例えば、大きな目的として「今晩お寿司が食べたい！」と思った場合、その手段として「寿司屋に行く」「刺身を買って自分で握る」などがあります。そして「刺身を買って自分で握る」ためには、「スーパーで刺身を買う」「近所の魚屋で購入する」などのさらにその下の手段があります。このように、階層的に考えることをロジックツリーといいます。

　実際の論文に用いられるパターンを紹介したいと思います。これは、論文の中で解決策を提示する場合、まず「解決の方向性」を記述した上で、「具体的な解決策」を述べるという方法です。

　「解決の方向性」と「具体的な解決策」との違いについて、まず確認しておきましょう。「具体的な解決策」とは、文字通り具体的な解決策で、誰が・いつ・どこで・何を・なぜ・どのように、という5W1Hを明確にしたものです。論文で、これだけ明確な解決策であれば非常に明快です。採点者にもわかりやすく、何よりも説得力があります。

　これに対し、「解決の方向性」とは、大まかな解決

§1 論旨をつくる

の方針を述べるものです。「職員一人ひとりが接遇の重要性を認識することである」というように抽象的な表現にとどまるものです。論文対策としては、管理職試験のレベルであれば「具体的な解決策」の記述は必須です。管理職として実際に何をやるのか、ということが問われているわけですから、「解決の方向性」のレベルの記述だけでは、管理職としては物足りないということになります。

　次に、実際の記述方法の例を挙げます。「住民との協働と行政」との課題に対する解決策の事例です。「徹底した職員の意識改革を図ることである。まず、職員の民間企業への派遣・研修を制度化し、『顧客満足主義』を徹底させる。また、人事考課面接において、住民ニーズに対する職員一人ひとりの考え方を確認するとともに、適切な指導育成を行う。さらに、職場に住民が事業や職員の対応等について気軽に意見できる『住民満足調査票』を置き、それに基づき職場全体で住民要望を的確に把握・反映していく。これにより、職員に対し住民第一を徹底し、住民との協働意識を高めていく。」となります。

　それぞれの文章を見ていただければおわかりの通り、最初に「徹底した職員の意識改革を図ることである」と解決の方向性を述べ、その後「まず、また、さらに、」として具体的な解決策をたたみかけ、そして最後に「これにより」としてその成果を記載するのです。これにより、解決策の説得力を高めるのです。

既知情報＋新情報＝結論

図解でマスター❸

既に知っている情報（一般論）と、新しい情報
（観察事項）を組み合わせて、結論を出す方法

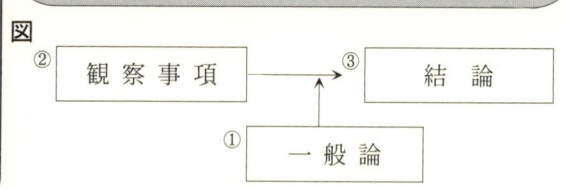

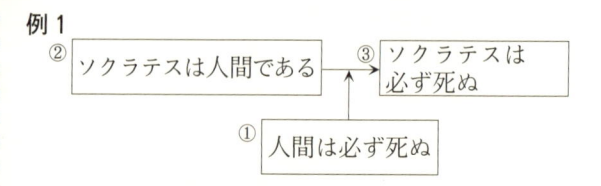

図

② 観察事項 → ③ 結　論
　　　　　　　↑
　　　① 一般論

例1

② ソクラテスは人間である → ③ ソクラテスは必ず死ぬ
　　　　　　　　　　　　　　　↑
　　　　　① 人間は必ず死ぬ

例2

② 文化センターの施設利用者から使いにくいとの声があがっている → ③ 文化センターの運営について見直す必要がある
　　　　　　　　　　　　　　　　　　　　　　↑
　　① 行政は効率的な事業運営を執行しなければならない

§1 論旨をつくる

図解でマスター❹

帰納法

観察されるいくつかの事象の共通点に着目し、結論を導き出す方法

図

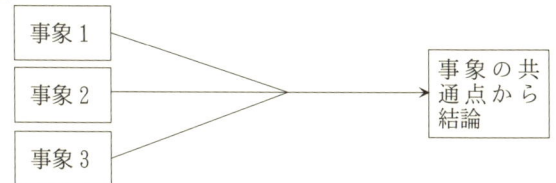

```
事象1 ┐
事象2 ┼→ 事象の共通点から結論
事象3 ┘
```

例1

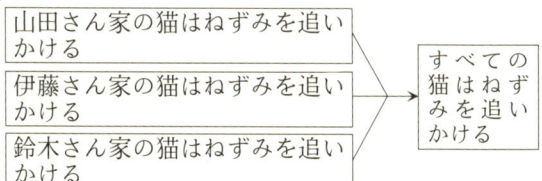

| 山田さん家の猫はねずみを追いかける |
| 伊藤さん家の猫はねずみを追いかける |
| 鈴木さん家の猫はねずみを追いかける |

→ すべての猫はねずみを追いかける

例2

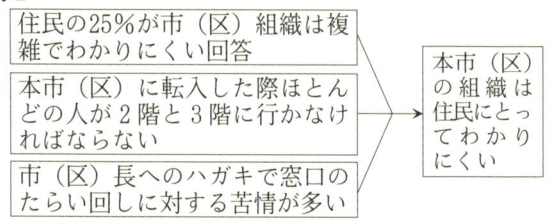

| 住民の25%が市(区)組織は複雑でわかりにくい回答 |
| 本市(区)に転入した際ほとんどの人が2階と3階に行かなければならない |
| 市(区)長へのハガキで窓口のたらい回しに対する苦情が多い |

→ 本市(区)の組織は住民にとってわかりにくい

→逆にある結論を主張するために、どのような事象を探すか、という視点も大事

MECE（ミッシー）

図解でマスター❺

> もれなくダブりなく整理すること

図

$A = A_1 + A_2 + A_3$　とすると、

$$A \begin{cases} A_1 \\ A_2 \\ A_3 \end{cases}$$

例1

$$人間 \begin{cases} 男 \\ 女 \end{cases}$$

例2

$$一般職員 \begin{cases} 管理職 \\ 係長級 \\ 主任級 \\ その他 \end{cases}$$

§1 論旨をつくる

ロジックツリー（論理木）

図解でマスター❻

> 物事を論理的に分析・検討するときに、その論理展開を樹形図に表現して考えていく思考技法。またはその樹形図。

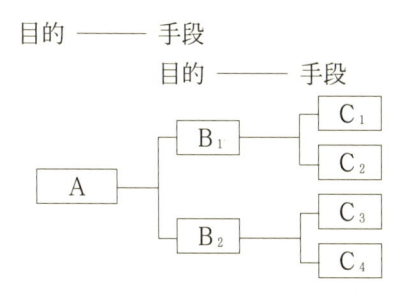

図

目的 ── 手段

```
              目的 ── 手段
                     ┌── C₁
              ┌─ B₁ ─┤
              │      └── C₂
         A ───┤
              │      ┌── C₃
              └─ B₂ ─┤
                     └── C₄
```

・Aという目的実現のため、B₁とB₂という手段がある。また、B₁という目的実現のため、C₁、C₂という手段がある。
・必ずしも、目的―手段という関係だけでなく、結果―原因、全体―部分というとらえ方もある。

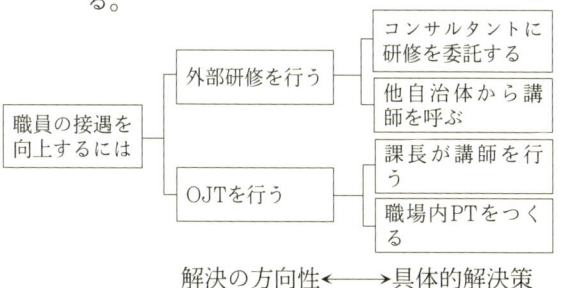

```
                    ┌─ 外部研修を行う ─┬─ コンサルタントに研修を委託する
                    │                  └─ 他自治体から講師を呼ぶ
職員の接遇を ───────┤
向上するには        │                  ┌─ 課長が講師を行う
                    └─ OJTを行う ──────┤
                                       └─ 職場内PTをつくる
```

解決の方向性 ←──→ 具体的解決策

§1-10

資料の集め方

　次に、実際の資料の集め方について説明したいと思います。これまでの内容をご理解いただければ、**目的もなく資料を集めることは意味がない**、ということはおわかりいただけると思います。試験勉強を始めたばかりの人の中には、手当たり次第に資料探しをする人がいますが、そうした人は目的が不明確なため「あれも良さそう。これも使えそう」と何でも飛びついてしまい、結果として資料に振り回されることになりかねません。そこで、資料収集のコツについていくつか述べてみたいと思います。

　まず、資料を集めるには目的が必要です。これまで述べたように、例えば「職員にはコスト意識が欠如している」ということを主張したい場合、その根拠・理由となるものを探すのです。例えば、住民対象に実施している意識意向調査における「職員への要望」の結果ですとか、実際の事業執行にあたりムダに支出している事例、日々の職員の態度、などいくつか考えられます。「何のために資料収集をするのか」を明確にすることが、最も重要なポイントです。

　次に、実際の資料の内容です。資料として、最も良いのはデータ・統計など数値化されたものです。住民アンケート、白書、各種統計調査結果など、いろいろあるかと思います。最近はキーワードを入れて検索す

§1 論旨をつくる

れば、ホームページからいろいろな調査結果を得ることができますので、試してみてください。ただし、注意していただきたいのは、そのデータ・統計はどこが発表しているのか、ということです。公的機関であれば間違いないのですが、単なる個人的なアンケート等では信頼性に問題がある場合もあります。

　また資料として考えられるのは、事例です。行政専門紙「都政新報」などの新聞報道、「ガバナンス」、「自治実務セミナー」などの公務員専門誌、また福祉やまちづくりなど各分野の専門書などに、そうした事例が紹介されています。その内容は先進的な取組事例として紹介されていることもあれば、失敗例などの場合もあります。どちらも、自分の主張の材料として使うことができます。また、専門誌等には全国の自治体や研究者の間で注目されている最新の理論、考え方、手法などが掲載されていますので、十分注意してください。

　最後に、自分の身の回りに実際に起こった事例です。これは非常に個人的な内容であるため、客観性が下がりますが、職員のマンネリズムや前例踏襲主義など、日常見られる光景も重要な事例となります。また、日々役所で発生している、窓口での混乱、住民からの苦情なども重要な要素です。

　以上、資料の収集について説明してきました。繰り返しになりますが、何のために自分は資料を探すのか、という目的を明確にすることが最も重要です。その上で、その目的を満たしてくれる材料を探すのです。

§2-1　レジュメの作成①
問題点と解決策の作成

　さて、これまでの説明で論文の骨格となる論旨は概ね完成したと思います。この章からは、レジュメ（要約）作りについて説明したいと思います。論旨がある程度しっかりとできていれば、このレジュメ作りはそう難しいことはありません。なお、論文の構成に合わせ、レジュメの雛型を掲載しておきますので、参考にしてください。

　まず、4段落構成で説明します。先に作成した論旨から、問題点と解決策をそれぞれ3点挙げます。ポイントとしては、**①3点は偏った視点ではなくバランスが取れていること、②問題点で指摘したことは必ず解決策で解消されていること、③解決策が問題点の裏返しではないこと**、があります。

　①については、「問題意識〜論文の評価基準①〜」で説明しましたので、おわかりいただけると思います。②については、例えば問題点として「自治体は住民にとってわかりやすい組織になっていない」と指摘しておきながら、解決策を実施したとしても、「住民にとってわかりやすい組織」にならなければ、何の意味もありません。書き手が「問題だ！」と言っておきながら、解決策を行ったとしても、その問題が解消されていなければ論文とは言えません。これは、考えてみれば当然のことですよね……。

§2　レジュメをつくる

　③については、少し説明が必要かもしれません。例を挙げますと、問題点として「住民にとって自治体の組織はわかりにくい」と指摘した場合、解決策として「住民にとってわかりやすい組織を構築する」などのように、問題点と解決策が表裏の関係になっているような場合です。これも、考えてみればおかしな話です。「Aが問題だ！」と言っているのですから、解決策はAが解消していることなのです。

　先の例で言えば、問題点が「わかりにくい」のですから、解決策は「わかりやすくする」のは当たり前のことです。解決策では、そうした裏返しを書くのではなく、「わかりやすく」するために、何をするのかを書くことが重要なのです。例えば、「住民ニーズに迅速に対応する、簡素で効率的な組織を構築する」などのように、具体的な内容を記述するのです。単なる問題点の裏返しでは、言葉遊びになってしまいます。

　なお、3段落構成の場合は問題点と解決策を一緒に記述することになりますが、実際には解決策中心の記述となります。文字数の関係からも問題点について長々と記述することは困難と思われますので、「私は住民から信頼される行政運営を行うため、中堅職員（係長）として、次の3点を行っていく」のような書き出しをした上、それぞれの解決策を記述していきます。その際にも、なぜその解決策が重要なのかという理由（問題点）を明確にすることが重要です。

論文レジュメ（4段落用）

【課題】

---

1. 序論

2. 問題点	3. 解決策
(1)	(1)
①	①
②	②
③	③
(2)	(2)
①	①
②	②
③	③
(3)	(3)
①	①
②	②
③	③

4. 終章

注）箇条書きにして要旨のみ記載する

§2 レジュメをつくる

論文レジュメ（3段落用）

【課題】

1．序論

2．本論（問題点・解決策）
(1)
①
②
③
(2)
①
②
③
(3)
①
②
③

3．終章

注）箇条書きにして要旨のみ記載する

§2-2 レジュメの作成②

序章と終章の作成

　レジュメの作成の2番目は論文の序章と終章の作成です。論文の中心となる問題点や解決策が論文の中で最も重要であることは間違いないのですが、序章・終章も、同様に非常に重要です。

　まず、序章です。**序章の役割は、与えられた問題が行政にとって非常に重要であることを、現在の社会状況やエピソードから言及すること**です。ポイントは、「与えられた問題が確かに重要であること」を記述することです。多くの受験者が間違ってしまうのは、自分の準備してきた論文をそのまま転記してしまい、試験当日に与えられた課題について触れていないことです。この点は本当に注意してください。必ず「与えられた課題が重要であることを指摘して序章を締めくくる」ということを忘れないでください。

　では、具体的な序章の書き方です。序章は行政を取り巻く社会経済状況について言及しながら問題に結びつけるわけですが、大きく2つのパターンがあります。

　1つは国政・県（都）・市（区）などの状況に言及していきながら、課題に結びつけるのです。首長の所信表明や議会の招集挨拶などの文章を参考にするとわかりやすいと思います。例えば、「国は○○である。県（都）は△△である。そして市（区）は××であり、□□は本市（区）にとって喫緊の課題である」という

ような流れです。

　もう1つは、身近なエピソードから入るパターンです。例えば保育士の方であれば、「私の勤務する保育園の待機児は、昨年よりも〇人増え△人となった。少子高齢化により人口減少が叫ばれているにも関わらず、本市（区）にとって待機児の解消が急務となっている。さらに□□や××など市（区）政を取り巻く課題は山積しており、非常に厳しい状況を迎えている。住民から信頼される行政運営こそ、今最も重要な課題である」などのような記述となります。これは、なかなか高度なテクニックです。ただし、注意していただきたいのは、身近なエピソードから入るけれども市（区）政全般について言及していることが重要です。自治体全体を見渡していることをアピールすることが必要です。

　次に、終章についてです。この章は論文の最後の「締め」にかかる部分です。これまでの主張を踏まえた上で、今後の方向性を総括することとなります。書き手のスタンスとしては、「これまで与えられた課題に対して問題点・解決策を述べてきましたが、今後さらにこのような問題も想定されます」とか論文全体を改めて課題と結びつけて見直すということになります。

　また、ここで「私は管理職として全力を尽くす所存である」などと、決意表明をする方がいますが、最後に一言付け加える程度だと思います。なお、よくありがちなミスとして、序章で書いたことをまた繰り返して書いてしまう人がいます。せっかく論文を書きあげても、ここでまた同じことを書いてしまっては意味がありませんから、その点は注意してください。

論文レジュメ（3段落用）

【課題】 住民との良好なコミュニケーションについて、あなたの考えを述べなさい。

1．序論

全国的に人口減時代が到来。また地球環境問題への対応など、既存の社会システムの見直しが求められている。

都は、「10年後の東京」を作成し、より高いレベルでの成長の姿を描いている。

本市（区）では、新たな時代に対応するため、新たな基本構想の策定に着手した。

このような中、住民にニーズにより的確に対応した行政運営が求められており、住民との良好なコミュニケーションが今大きな課題となっている。

<ポイント>最後は必ず問題の重要性を指摘する。

2．本論（問題点・解決策）

(1)職員一人ひとりが接遇を認識する。

①首長の庁内放送でも、依然窓口応対のトラブル等が指摘されている。	<ポイント>①現状、問題点②理想、あるべき姿③①と②を埋めるための解決策…の3点に注意して記述するとわかりやすい。
②しかし、行政の基本はサービスを「親切・丁寧・迅速」に提供することである。	
③よって、職員はあらゆる機会で意識改革を行う必要がある。	

(2)行政と住民をつなぐ制度面を充実する。

①現在でも市（区）長の手紙や情報公開等がある程度整備されている。

②しかし、今後は1)行政の重要な場面でのPRや、2)市（区）報・世論調査の充実、を実施する。

③これにより、住民との距離をより一層近づける。

(3)不断の自己啓発。

①多様化する住民ニーズに対応するためには、職員の資質の向上が不可欠である。

②資質の向上を図ることができれば、住民に信頼され、良好なコミュニケーションを確保できる。

③よって、職員は通常の職務だけでなく自己啓発が必要である。

§2 レジュメをつくる

3．終章
基本構想審議会は、「基礎的自治体として豊かな住民生活を実現する責務がある」と報告している。
市（区）は社会経済状況の変化だけでなく、本市（区）特有の問題にも対応していかなければならない。
それは、非常に困難な道筋かもしれないが、同時に大きく飛躍する可能性があることに他ならない。
住民との良好なコミュニケーションは行政運営の原点であり、私は住民のため全力を尽くしていく。
<ポイント>必ず問題について言及すること。

注）箇条書きにして要旨のみ記載する

§3-1 文章にする

　いよいよ論文作成の最終段階です。これまで作成してきたレジュメに基づき、実際の文章にしてみましょう。論旨もでき、レジュメも完成していれば、もうあまり悩むことはないかと思いますが、これまでの復習も含め、何点か注意点を挙げます。

　第1に、一文が長すぎないか、ということです。一文は、なるべく短くし、簡潔・明瞭を心がけてください。修飾語の多用などにより一文が長くなると、単なる美辞麗句だけになってしまし、説得力が欠ける文章になります。

　第2に、論理的に文章が展開されているか、ということです。これまで述べてきたように、論文は論理的に展開される文章であり、飛躍や矛盾がある文章は論文とは呼べません。「○○という問題がある。だから、××をすべきだ」のように、常に因果関係など論理性に注意してください。

　第3に、具体的な記述になっているか、ということです。論文はあなたが昇任して何をするのかという誓約書です。第三者的立場で、「〜だろう」「〜と思われる」などの表現では試験論文とは言えません。

　第4に、自分の自治体を安易に批判していないか、ということです。例えば特別区の昇任試験にも関わらず、「区は全然なっていない、ダメだ」のようなスタ

ンスで書いた論文がたまにあります。採点者である部課長はどう思うでしょうか。受験者に疑問を感じるのではないでしょうか。「区は○○などの事業を行い、一定の成果を挙げているが、依然このような問題点が見受けられる」などのように、区の実績を評価した上で、それでも欠けているというスタンスで書くことが重要です。

第5に、新しいトピック・話題が盛り込まれているか、ということです。採点者が「これは去年の合格論文の丸写しではないか」と思わないためにも、最低1つは今年の試験でなければ書けないトピック・話題を盛り込みましょう。

第6に、採点者を意識しているか、ということです。論文を採点するのは、行政の第一線で働いている人達です。忙しい中で、数多くの論文を採点しなければなりません。字は下手でもいいですが丁寧に書き、「読んでいただく」という気持ちで書きましょう。書きなぐった論文は、それだけで採点するのが嫌になります。

以上が、主な注意点です。実際に論文を書き上げたら、こうした点をもう一度確認してみることをお勧めします。また、次に説明しますが、原稿用紙の使い方(句読点が最後のマスに来たらどう書くのか、数字の表記方法、など)については必ずチェックしてください。原稿用紙の使い方が間違っているだけで、採点者は受験者に疑問を感じてしまいますから……。

§3-2 原稿用紙の使い方

　では、原稿用紙の使い方について確認しておきましょう。

　まず、当たり前のことですが、**皆さんが受験しようとしている試験の答案用紙がどのようなタイプなのかを事前にチェックしておきましょう**。おそらく、横書きがほとんどだと思いますが、試験当日に初めて原稿用紙がどのような様式なのかを知るようでは、困ります。かつて、本当に縦書きと横書きを間違えた答案もあったということですから……。

　以下は横書きタイプの主な注意点です。絶対とは限りませんし、自治体によってはそうした注意点を発表している場合もありますので、試験に合わせて対応してください。

　第1に、段落の冒頭は1字空けます。空白のマスを1つ作り、2マス目から書き出すということです。

　第2に、句読点、括弧（「　」『　』）、記号などは一字として数え、原稿用紙の1つのマス目に入れます。「　」についてはたまに間違えて、文字と一緒に記載している方がいますので、注意しておきましょう。

　第3に、句読点（。や、です）、閉じ括弧（」）"です）などが行の頭に来ないようにします。いわゆる禁則処理です。これらが行頭に来てしまう場合は、前の行の最後の文字と一緒に最後のマス目に記入するこ

§3　実際に文章にする

ととなります。

　第4に、数字は2つで1マスに記入します。「2008年」などは、「20」「08」「年」の3つのマスで表記することとなります。たまに2008を1マスで記入している人がいますので、注意が必要です。

　第5に、リーダー（……）やダッシュ（――）は2マス分を使用します。これらは、あまり用いることはないかもしれませんが、一応押さえておきましょう。

　第6に、できれば避けたいのですが、訂正の方法です。論文完成後、間違いに気がつき修正する場合、マス目が不足していたりした場合は、欄外に書くしかありません。採点者にわかりやすく表記することが重要です。もちろん大幅に修正するのは良くありません。残ったマス目の文字数に近い中で収めることを心掛けるべきです。

　以上、主な点について説明しましたが、実際の答案用紙に近いものを使用し、試験当日までには必ず手書きで練習しておきましょう。その中で、原稿用紙の使い方で疑問が生じたら、事前に調べておき、試験当日に慌てることのないようにすることが重要です。

III 実践編

§1 準備論文の完成のために

　この章からは実践編です。試験直前や試験当日に注意すべき点について、説明したいと思います。まず、準備論文の完成についてです。

　受験生は誰でも、最低1つは合格レベルに達している準備論文を作成すると思います。具体的な論文の作成方法はこれまで説明してきましたが、その**論文が本当に合格レベルに達しているのかどうか、客観的に判断する方法**を述べたいと思います。準備論文完成後に行うべきことと考えてください。

　第1に、必ず直属の上司（課長）に添削してもらうことです。この点については、「上司にアピールする」の項で説明してきましたので、あえて繰り返すことは必要ないと思います。必ず1回は上司に添削を依頼しましょう。

　第2に、最低2人の管理職（または管理職試験合格者）からOKをもらいましょう。ですから、直属の課長に添削してもらうとすれば、もう1人課長以上の方にお願いすることとなります。この2人に意味があり、これまで説明してきたように論文に相性もあることから、1人だけでは不安があるためです。

　添削をしてくれる人は多ければ多いほど良いのですが、大事なことは、そうした指摘を受けて準備論文の完成度を高めていくことです。むやみやたらに添削者

§1 準備論文の完成のために

を探すようなことはせず、論文の完成を目指していきましょう。また、自分と相性が合う添削者に出会えたら、指摘された点を修正して何回も見てもらいましょう。

第3に、通信添削や模擬試験を受けることです。これは、先の知り合いの課長などに添削を依頼することと何が違うのか、と感じると思うのですが、お金をかけるということがポイントなのです。普通の添削ですと、稀に勝手に言いたいことを言うという人もいます。しかし、実際にお金を支払って実際に添削するとなると、添削者も当然それなりに気を遣うわけです。そのため、より公正に評価してもらえるという利点があります。

また、こうした通信添削や模擬試験では採点者も多くの答案を見ていますから、経験豊富だというメリットもあります。いつも評価してくれる人とは違う視点で採点されるということは、いい刺激にもなります。多少のお金はかかりますが、ぜひ利用してみてください。

以上が準備論文を合格レベルに持っていくための方法です。大事なことは、指摘されたことをすべて取り入れるのではなく、自分が納得した点を取り入れることです。納得していない部分を修正しても、それはすでに自分の論文とは言えなくなっています。あくまで自分で判断した上で、論文の完成度を高めていってください。

§2
あくまで問題文に答える

　試験当日の最重要ポイントは、「あくまで問題文に答える」ということです。

　「何を当たり前のことを！」と思うかもしれませんが、このことは本当に重要です。論文試験は、通常当日試験問題が出され、その問題に対して解答するのが普通です（もちろん、事前にテーマが与えられているという試験もあります）。これまで、公務員試験も含め、数限りない試験を受けてきた皆さんは、もう十分にご承知のことと思いますが、試験は問題に答えることです。しかしながら、そうでない答案が非常に多いのです。

　この理由は、論文という性格が原因です。受験生の中には、事前に合格論文を作成し、それを暗記して試験に臨むという方が多数います。このため、当日どのような試験問題が出されようとも、自分の暗記してきたものを必死で書き写し答案を完成させようとします。その結果、当日出された問題とは直接関係のない、問題文から見ると不可思議な答案がいくつも誕生するのです。その答案がいかに立派な合格論文であったとしても、当日の問題と関係のない解答であれば、高得点が期待できないのは言うまでもありません。あくまで問題に答えること。これが重要なのです。

　当日の問題と準備してきた論文とを、どのようにつ

§2 あくまで問題文に答える

なぎ合わせるかについては、次に説明します。ただ論文試験に共通して言えることは、当日の問題と準備論文をいかにつなぎ合わせるか、を試験開始早々に考える作業（時間）が必要です。設計図もなく、いきなり答案用紙に文字を埋め始めるのは、無謀というより他ありません。もし不幸にも、準備論文が活用しようのない問題が出された場合には、一から答案構成を考えなければなりません。

しかし、これまで説明してきたような論理的に物事を考える訓練を養っていれば、当日の問題に何とか対応することができます。これまでの説明の中で、くどいほど論理的展開について説明してきたのは、こうした対応力を養うためなのです。自分で考えたことにツッコミを入れるなどして、論理を構築していく力が必要なのです。

繰り返しになりますが、当日の問題について解答することが試験の重要なポイントです。そして、その問題についてどのような答案構成にするのかを考えることが次の課題となります。準備論文とどのようにつなぎ合わせるか、と言ってもいいかもしれません。その際に注意すべき点は、課題に対して解答しているか、論理的に記述されているか、ということです。

それから、実際に答案用紙に書き始めることになります。

§3 問題文と準備論文のつなぎ合わせ方

次に、実際に用意していた準備論文と当日の問題文が異なっていた場合の対処法について説明したいと思います。ほとんどの場合は、準備論文と当日の問題文が一致しません。しかし、これまで説明してきたように、試験論文はあくまで当日の問題文に答えなければなりません。

では、どのように**問題文と準備論文をつなぎ合わせるか。これには2つの方法があり、1つは微調整型、もう1つは引き込み型です。**

まず、微調整型ですが、これは問題文と準備論文が非常に近い場合に用いる方法です。例えば準備論文が「住民との良好なコミュニケーション」であり、当日の問題が「住民に信頼される行政運営」とすると、どちらも住民に力点を置いた出題です。こうした場合は、「良好なコミュニケーションを保つためには、○○を行うべきである」という部分を「住民に信頼される行政運営を行うためには、○○を行うべきである」に変更していきます。大事なことは、あくまで当日の問題文である「住民に信頼される行政運営」というフレーズを用いて答案を構成することです。問題文に答えているということを前面に出さなければなりません。

もう1つが、引き込み型です。これは、やや強引かもしれませんが、当日の問題文と準備論文を結びつけ

§3 問題文と準備論文のつなぎ合わせ方

ることです。例えば試験当日に「住民生活の変化とこれからの行政」という問題文が提示され、準備論文が「住民との協働と行政」だったします。この一見関係ないような両者を結びつけるのです。具体的には、序章の中で国・県(都)・市(区)の取り巻く状況を述べ、「今後も住民生活が大きく変化することが予想されるが、今後の行政にとって最も重要なことは、住民との協働を行っていくことである」と記述するのです。そうすると、2章以下については用意してきた「住民との協働」の内容を記載していけば良いのです。ただ、最後の終章では「問題文を忘れていませんよ」と強調する意味でも、もう一度「住民生活の変化」について言及しておいた方が無難と思われます。

この引き込み型で注意すべきことは、問題文から準備論文につなぎ合わせる時に、論理的に矛盾がなく、納得できるものでなければなりません。この接続がこじつけに思われたり、論理的に無理があるようでは、高得点は期待できません。

みなさんが準備論文を完成させた後は、過去の問題や予想問題を見ながら、準備論文とその問題文をどのように結びつけたら良いのか、ということを考えてみてください。この練習を行うと、応用力を養うことができます。また、問題文にもいくつかのパターンがあることも発見できると思います。

§4 試験当日、論文を書くにあたって

最後に、試験当日に論文を書くにあたっての注意を述べておきたいと思います。

第1に、試験直前には腕力を養っておくということです。これは少し奇異に感じられるかもしれませんが、私たちは昔（？）と異なり、ペンで長い時間文章を書くということがなくなりました。皆さんも準備論文を作成するためには、パソコンを使うことが多いかと思います。既に受験経験がある方はおわかりだと思いますが、試験当日に長時間ペンを持って原稿用紙を埋めるという作業は、非常に重労働なのです。このため、試験直前には試験時間中にペンで書き続ける腕力を養っておくことが重要なのです。

自治体によっては、記述試験なども課されていることもありますから、そうするとかなりの作業量になります。個人的な経験を申し上げれば、私の場合、試験1カ月前から記述試験のフォーマットと準備論文の暗記を兼ねて、毎日書き上げる練習をしました。これによって腕力を養うと同時に、体に覚えこませるというねらいがありました。結果的には、非常に良かったと思っています。

第2に、実際に論文を書くにあたっては、採点者に「読んでいただく」という気持ちで書くことです。以前にも書きましたが、論文を採点するのは、第一線で

§4　試験当日、論文を書くにあたって

働いている人達です。忙しい中で、数多くの論文を採点しなければなりません。よって、字は下手でもいいですが丁寧に書き、「読んでいただく」という気持ちで書きましょう。書きなぐった論文は、それだけで採点するのが嫌になります。

第3に、時間配分に注意することです。試験開始直後は、問題文を見てから答案の構成を考える時間が必要です。そして、実際に書き上げ、見直す時間も必要です。与えられた試験時間をどう配分するかは、ある程度決めておいた方が無難です。もちろん試験当日はプレッシャーもあり、思惑通り進むとは限りませんから、ある程度余裕を見ておいた方が良いと思います。

以上のようなことを注意して試験に臨んでください。また、当然のことですが、当日の体調管理や仕事の進捗などにも注意しておきましょう。

あとは、全力を尽くすのみです！

IV 資料編

1 主任試験論文①
区民との良好なコミュニケーションについて、あなたの考えを述べてください。

1 区政を取り巻く環境

　全国的な人口減少時代が到来し、労働力不足や社会保障をめぐる財政への対応など、過去経験したことのない課題に社会は直面している。また地球規模での環境問題やネット社会の進行など、既存の社会システムの見直しが求められている。こうした中、東京都は「10年後の東京」を作成し、より高いレベルの成長を目指している。本区においても、新たな時代に対応するため基本構想の策定に着手している。本区は、これまで以上に的確に住民ニーズに対応することが求められており、区民との良好なコミュニケーションの確保は極めて重要な問題である。

2 区民との良好なコミュニケーションのために

　区民との良好なコミュニケーションのために、私は次の3点が重要であると考える。
　第一に、職員一人ひとりが接遇の意義を十分に認識することである。区長の庁内放送でも指摘されているとおり、服装の乱れや窓口応対のトラブルが依然発生している。区政の基本は区民サービスを「親切・丁寧・迅速」に提供することであり、サービスの提供者たる職員はあらゆる機会をとらえて意識改革を行う必要である。

第二に、行政と区民をつなぐ制度面の充実である。区長への手紙や情報公開など、区民とのコミュニケーションの機会は現在でも整備されつつある。しかし今後は、現在行われている基本構想の区民説明会のように、行政の重要な場面での住民へのPRや、区報や世論調査の充実を通じ、区民との距離をより一層近づける工夫が必要である。

　第三に、不断の自己啓発である。多様化する住民ニーズに対応するためには、行財政改革の推進はもちろんのこと、職員一人ひとりの資質の向上が必要である。これにより、区民に信頼され、良好なコミュニケーションを確保することができる。中堅職員は自己の職務内容を着実に遂行することはもとより、自己啓発に努めることが必要である。

3　可能性を秘めた本区

　基本構想審議会は中間のまとめの中で、「区は時代の変化に的確に対応しつつ、基礎的自治体として豊かな区民生活を実現する責務がある」としている。今後本区は様々な社会経済状況の変化に加え、本区特有の臨海部や待機児問題などにも対応していかねばならない。それは非常に困難な道筋かもしれないが、同時に大きく飛躍する可能性があることに他ならない。私は区民との良好なコミュニケーションは区政運営の原点であると信じ、これからも区民のため全力を尽くしていきたい。

2 主任試験論文②
あなたの職務に関して、(1)で意義と課題を、(2)で解決策を述べてください。

(1) 私は局の文書事務担当者として、法規審査事務や、交換郵便等の文書収受事務を担当している。都は平成17年11月に「行財政改革の新たな指針」を発表し、「スリムで仕事のできる効率的な都庁の実現」を都政改革の方向性として掲げている。私の担当する事務においても、効率的な執行体制を確立することが重要である。同時に近年情報の流失事故が多発し、個人情報保護の機運が高まる中、情報管理の安全性にも配慮した業務改善が必要であった。

その中で、以下のような職務課題がある。

第一に文書事務の技術向上である。文書作成上の知識不足が事業の円滑な実施に支障をきたしている現状がある。第二に文書交換事務における効率性と安全性の両立である。個人情報を含む文書について特に慎重な取扱いが求められる中、現状を見直し、課題の発見及び改善を図る必要がある。第三に情報交換の活性化である。各部との調整は担当がそれぞれ行うため、個人の業務に埋没しがちであったため、係内で意見交換を行い、コミュニケーションの円滑化を図る必要があった。

(2) **1　文書事務の技術向上について**

都民に対して事業の透明性を確保するには、起案文

書や条例文において、的確かつ明瞭な文書が構築され、見る人に必要な情報が誤解なく伝達されることが重要である。

しかし現状において、事業所管の実務担当の文書作成上の知識不足により適切な文書が作成されているとはいいがたく、事業実施要綱や通知文の作成に時間を要し、効率的な事業運営に支障をきたしている。そこで私は課長及び係長と相談し、関係部署及び課内に対し、文書事務研修を行った。さらに研修で出た質疑応答についてはデータベース化を行い、日常業務での使用を考慮し、簡易に検索できる体制を構築した。これにより知識不足によるミスが減少し、迅速な文書審査、意思決定が行われるようになった。また知識の引継ぎがデータベースを通じて行われるようになり、将来にわたって知識の蓄積される体制が確立された。

2　文書交換の効率性と安全性の両立について

本庁と事業所の文書のやり取りは巡回郵便を利用することが多い。しかし、あと一歩で書類の紛失につながるヒヤリ、ハット事例が多発し、非常に問題となっていた。また申請書等の個人情報を含む書類については、効率的かつ安全な業務運営の点で、特に慎重な取扱いを検討する必要があった。

交換便については多様な送付記載様式が存在し、統一的なルールがなかった。そこで私は交換便を利用できる書類の種類やルール等の取扱説明を記載した送付書を作成し、局内に周知した。また個人情報記載文書について、紛失に繋がるヒヤリ、ハット事例の報告様

式を作成し、発生即報告を義務付けた。報告については取りまとめ、定期的に関係職員に周知した。さらに日常行動においても文書を机に放置しないなど注意喚起を行った。この取り組みにより宛先記載のミスが減り、交換作業における送付先確認も容易になり、作業の効率化が図られた。またヒヤリ、ハット報告の徹底により、文書の取扱いの重要性が再認識され、所在不明文書が減少した。さらに一連の文書交換作業の中で特に注意すべき箇所が浮き彫りになり、仕分けスペースの確保や重要な文書の手渡し徹底などの業務改善に結びつけることができた。

3 情報交換の活性化について

文書事務は各部共通のものであり、知識や情報について参考にできるものが多い。しかし通常業務においてはそれぞれの担当部署しか関わりがないため、情報が共有化されず、円滑な業務運営の点で問題であった。

そこで私は定期的な係会の開催を提案し、各部の状況を話し合える機会を設定した。それにより、法律的疑義や施設運営要綱などにおいて、局として整合性を持って問題解決を図ることができるようになった。さらに気軽に相談できる雰囲気が生まれ、一体となって問題に取り組む環境が生み出された。

都民サービスの向上のためには、都政の効率的かつ安全な運営が不可欠である。そのためには常に現状を見直し、課題の発見及び改善を行う不断の努力が必要である。

§1　合格論文例

　私は主任として、課及び係を見渡しながら、課題解決や他部署調整に責任を持って取り組みたい。そして職場から都政を変えるという強い意志を持って、都政の発展に全力を尽くす所存である。

3 主任試験論文③
あなたの職務に関して、(1)で意義と課題を、(2)で解決策を述べてください。

(1) 私は、安全で快適なまちづくりを目指す建設局で、都民生活や経済活動の基盤となる道路の管理業務に携わっている。都道上では、道路管理者職場が行う道路の新設拡幅工事や、電気、ガス等の公営企業が行うライフライン工事等が施工されている。私の職務は、これらの事業者が施工する工事の時期や工法の調整、実際行われている工事の情報を都民にお知らせすることである。

いずれの工事も東京の都市再生や都民生活の向上に必要不可欠であり、これらの工事が都民の目に分かりやすく、効率的に施工されるよう、私は次の3点に努力している。

第一に、工事情報提供方法の工夫である。道路工事は、都民の誤解や批判を受けやすいため、少しでも都民の理解と協力が得られるよう、情報提供方法の工夫に努めている。第二に、コスト意識の徹底である。非効率な工事が、交通渋滞等の経済損失となることから、円滑かつ効率的な工事の施工を目指し、コスト意識の徹底に努めている。第三に、現場主義の徹底である。工事現場での緊急事故等にも迅速に対応できるよう、頻繁に現場に足を運び、工事の施工方法や進捗状況等の把握に努めている。

§1 合格論文例

(2) 1 都民に分かりやすい情報提供

　道路工事は、ライフラインや交通ネットワークを整備するために行われており、都民生活の向上に深く関わるものであるため、道路工事に関する都民の関心は非常に高い。

　しかし、工事開始にあたり、その内容を都民の立場から説明するという視点が欠けていたため、工事の目的や必要性が都民に十分理解されているとはいい難い面もあった。これでは、都民から寄せられる工事の施工内容に関する問合せや工事に係る苦情に対して、適切な対応がとれないことがある。そこで、都民が一目で理解できるよう、工事用看板の表記方法を改善したり、インターネットを活用し、リアルタイムで工事情報を提供する等、情報提供方法を工夫している。また、施工中の工事内容及び事業者の連絡先一覧を作成して関係部署で共有し、都民からの要望に対し、迅速かつ的確に対応できる体制づくりに努めている。

2　事業者とのコスト意識の共有

　景気が回復し始め、都道上での工事も増加しているため、全ての工事を計画どおり施工するには、事業者のコスト意識を改革し、効率よく工事を施工する必要がある。これまでの工事調整では、事業者の計画に沿った工事の施工に重点が置かれ、都民に及ぼす影響についての意識が希薄であった。道路上での工事は車線規制を伴うものが多く、長期にわたる工事が渋滞の要因となり、道路を利用する都民のみならず、都全体の時間的、経済的損失の元ともなりかねない。

そこで、全ての工事内容や施工方法を精査し、道路上での作業時間を短縮させ、渋滞等によって失われる経済的コストを少なくする工事の調整に積極的に取り組んでいる。また、多種多様な工法データを収集して係内で勉強会を開き、工事期間の短縮と費用の縮減につながる工法を検討したうえで事業者を指導する等、コスト縮減に努めている。

3　現場主義の徹底

道路工事の現場では、交通量や沿道建物の状況により、工事の施工内容や実施時間を変更する等、道路の状況は日々変化している。また、近年都道では、交通量が増加傾向にあり、常に工事の安全性確保に努めていても工事を起因とする事故以外の様々な事故が起きている。このような状況では、日常業務に追われ、頻繁に現場に足を運んでいないと、事業者からの相談や、突発的な事故等にスピーディーに対応することができない場合がある。

そこで、積極的に現場に足を運んで現場状況を確認し、その内容をデータベース化して係内で共有することで、工事の施工場所や進捗状況が一目で分かるようにしている。また、事業者とのヒアリングを現場で行うことにより、データだけでは得られない生の情報を入手するだけでなく、信頼関係や情報連絡体制の強化に役立てている。

4　スリムで効率的な都政を目指して

日々変化する社会経済状況や、多様化する都民ニー

ズを敏感に察知し、積極的に応えていくには、これまで以上に機動的で無駄のない行政運営の確保に努めていかねばならない。団塊世代の大量退職を迎える今こそ、前例にとらわれることなく、創意工夫を凝らして業務改革に取り組んでいくチャンスである。

　職員一人ひとりの意識改革が、職場の風土を変え、都民に信頼される都政運営の実現につながると確信する。

　私は、私たちが従事しているそれぞれの業務が、都政を支え発展させていくという自負と責任感を常に持ちながら、職場の業務改善に全力を尽くしていく決意である。

4 主任試験論文④
職場の活性化のため、あなたの考えを述べてくださいい。

1 教育職場に求められているもの

都は、世界の範となる都市づくり「10年後の東京」の実現に向けて、教育力の向上と教育環境の整備を図る「東京都教育ビジョン」を策定し、着実に教育改革を推進している。次代を担う子どもを育成するこの施策を実現するためには、教育に直接携わる学校における取り組みが重要である。

しかし、近年、子どもを取り巻く環境は変化し、教育問題は複雑化多様化するばかりである。このような厳しい状況の中、学校が都民に信頼され、新たな課題に的確に取り組み、解決していくためには、職場のさらなる活性化が必要不可欠である。

2 職場の活性化を阻む要因

職員のやる気が高ければ高いほど、職場の活性化は図られる。しかし、私が勤務する学校職場では、職員の意欲を低下させる次の問題点がある。

第一に、事務室の連携がやや弱いことである。給与担当・予算担当というように、職務内容が他の職員と重複しないため、仕事内容や進行状況が共有されにくい。このため、問題が生じた際は担当がひとりで抱えてしまいがちである。

第二に、仕事の進め方が前例踏襲になりやすいこと

である。入学式や運動会といった学校行事は毎年度変わらないため、それに伴う事務作業も前回と同じ計画で進めることが多い。安易な踏襲が続くと、改善意欲を低下させてしまうことになる。

　第三に、教育職員と行政職員の協働意識が生じにくいことである。教育職員が生徒指導など教育面だけを、そして行政職員はコスト削減など予算面だけを、それぞれが過度に重視してしまい、相互理解の妨げとなることがある。

3　やる気を高める職場をつくる

　上記の問題を解決し、職員の意欲を高めて職場をより活性化するために、私は次のように取り組んでいく。

　第一に、職務内容を共有できる体制を構築する。公的な事務手引きの他に、個々でマニュアルを作成して、事務室全員で共用し、定期的に報告と意見交換の場を設ける。互いの業務状況と課題を共有することで、全員で問題解決に取り組み、そして補佐し合える職場体制を作る。

　第二に、業務計画の見直しを定期的に行う。行事内容は同じでも、子どもの状況と保護者の要望は年々変化している。それに対応した見直しを随時行い、今後継続していく点、改善が必要な点を明確にした計画を立案する。常に問題意識をもって改善を行っていく。

　第三に、学校経営方針を明確にする。学校が目指す姿と教育課題を再確認したうえで、コスト削減等を検討し、提案を行う。学校が抱えている課題と教育の取り組みに沿った提案を行うことで、教育職員との共通

理解を図り、協働意識を高めていく。

 4　教育改革推進のために
　急速に変化する社会状況の中、学校は多様化する教育問題に迅速かつ的確に対応していかなくてはならない。そのためには、お互いに仕事を助け合い、意欲的に業務の改善を行い、全教職員で一体となって学校経営に参画する、活性化した職場であることが重要である。私は、主任として、上司を補佐し、今までの経験を生かして、積極的に職場の活性化を図っていく。都民に信頼される学校運営に、行政職として全力で取りくんでいく所存である。

5 係長試験論文①
特色ある「未来の〇〇区づくり」のための行政の役割について述べてください。

1 区民との信頼関係をベースに

今夏、突然の形で首相が交代したことは記憶に新しい。その背景に年金問題があったと言っても過言ではない。行政レベルでの怠慢は、国民の信頼を損ない、しいては国家トップの進退にもつながる。

区民に最も身近な地方自治体は、なおさらである。地方の小学校の教頭が少女へのわいせつ行為で逮捕されるなど、本来地域を育てるべき立場の公務員の犯罪も発生している。

一方、本区はここ数年、毎年約1万人の人口が増加している。特にファミリー世帯が南部地域に急増しており、行政課題も多い。言い換えれば、区民との信頼関係構築が最も必要な土台となる。その上に立ち、他区に負けない〇〇区づくりが求められている。

2 区民が求める施策とは

「未来の〇〇区」を見据えた特色ある施策を展開するにあたり、次の点に問題がある。

第一に、区民の要求が的確に把握できているかという点である。例えば臨海部では歩道の広さに満足できても、既成市街地では未だに歩道の障害物に悩まされている。このように、地域によっても異なるニーズが存在する。

第二に、行政情報の透明化が不十分である。請求を受け、初めて情報公開の是非を検討するのでは、緊張感も低く、事業内容を常に明確に説明できるという意識も希薄になる。

　第三に、既存の事務事業の枠にとらわれている点である。区ではこれまで、歩きたばこやポイ捨ての禁止に様々な手を尽くしている。しかし、既存の事業手法ではそれ以上の成果を見込めないことも考えなければならない。

3　信頼を得る自治体となるために

　区民の信頼確保に向け、次の点に取り組む。

　第一に、区民の声に常にアンテナを高くしておく。パブリックコメントや審議会等への区民の公募など、区民からの声を収集する機会を数多く設ける。これにより地域とその住民の現状を把握し、常に区民に近い意識で事業に取り組む。その結果、行政の独りよがりではない、地域のニーズに沿った施策の実施につながるものと考える。

　第二に、情報公開制度やホームページをより上手に活用する。区財政課では、予算要求の段階でその内容をホームページに掲載している。また、区民の声公表事業では、区民の意見等と区の考えをホームページで公表している。このように、結論だけではなく、意思決定過程を多くの区民に分かりやすく提供し説明していく。このやりとりがあってこそ、区民との信頼関係につながっていく。

　第三に、既存の事務事業の更なる見直しである。例

えば、本区においても、路上喫煙に過料を科す条例の制定を検討することも必要である。行政評価制度の活用とともに、分野別に職員提案制度を実施するなど、今日実施している事業を再度効果・効率性の両面から検討する。さらに、他区や都・国の動向にも注目し、必要と判断した事業に対してスピード感をもって対応する。

4 「チーム〇〇」の一員として

　〇〇区が、住み続けて満足できる自治体となるために、私たちは区としての未来を見据えた施策を実施しなければならない。

　そのためには、私たち職員が「チーム〇〇」としての一体感と緊張感を持ち続ければ、区民の信頼を損なうようなことは起きにくい。さらに、職員のみならず、区民を「チーム」に巻き込んで、共に区の未来を描いていくという姿勢が必要である。

　私は係長として、区内外の情報を常に敏感に収集できる組織を職員とともに築きたい。そして、その力を業務に反映させながら、前向きに取り組んでいく所存である。

6 管理職論文①
魅力ある地域づくりと特別区政について述べてください。

1 魅力ある自治体として飛躍するには

2005年、我が国は人口減少時代に突入したが、特別区の人口は、地価の下落や臨海部を中心とするマンションの急増に伴い、都心回帰の様相を呈している。

その中で、よりよいサービス、暮らしやすいまちを求めて、住む地域、子どもを育てる地域を選ぶ若い世代も多い。選ばれる自治体としてさらに飛躍するためには、何よりも「魅力ある地域づくり」が必要である。今まさに、23区は競争の時代である。

一方、特別区が基礎的な自治体と位置づけられて6年、都区のあり方についても、新たな検討が開始される。区は、区民に最も身近な自治体として、その力量を示す時期に来ており、今後「いかに地域の魅力を引き出すか」が各区にとっての大きな課題である。この命題を解決するために、管理職員の真価が問われている。

2 地域の魅力アップに向けて

魅力ある地域づくりのための課題は、主に次の3点である。

第一に、「安全・安心」の点である。近年、犯罪が多発し、特に小さな子どもたちをターゲットにした痛ましい事件が急増している。防犯ブザーの配布や、登

下校時の保護者同伴などを講じているが、その隙間をついて、犯罪は無くならない。人と人とがつながった、まちぐるみの安全対策が求められている。

　第二に、「快適さ」についてである。23区はヒートアイランド現象で年々暑くなっているが、水辺や緑など、生活にうるおいを与える取り組みはまだ十分ではない。また、まちの美化運動など、日々の取り組みは成果を出し切れず、さらに、歴史や伝統文化など、地域の特色を活かしたまちづくりに向けた課題も残されている。

　第三に、「協働」が不足している。地域の発展に貢献したいと望む区民は増えているが、その力を取り込む基盤ができ上がっていない。区民が、NPOやボランティアとして公の仕事の担い手となる機会は増えているが、区民のニーズにきめ細かく応える協働の仕組みは、まだ目に見える形になっていない。

3　地域の「ブランド力」を高めるために

　地域の価値、即ち「ブランド力」を高めるために、次の点に積極的に取り組んでいく。

　第一に、防犯対策にまちぐるみで取り組む。学校や保護者はもちろん、「地域で子どもの安全を守る」という視点で区民の参画を得る。地域を点検し、暗い場所や死角になる場所を作らないよう、街灯の設置などを実施する。また、親子での地域安全マップ作りを企画し、防犯意識を高めていく。さらに犯罪者を引き寄せないよう、地域単位のパトロール隊結成を呼びかけ、区民が見守り、声をかけ合うまちにしていく。そして、

このような区民の力を引き出すために、庁内でも防犯担当、子ども・教育担当、町会担当等が部課を越えて連携し、地域とのつながりを活かし、一体的、継続的に働きかけていく。

第二に、まちのうるおい度を高める。スーパー堤防や親水公園などで水辺を活かし、自然と親しめる空間を増やす。また、オフィスや商店街も巻き込み、屋上緑化や壁面緑化、夏の一斉打ち水などを通じて、環境に対する区民意識の向上を図っていく。加えて、放置自転車や、たばこのポイ捨て防止に取り組み、暮らしやすい環境を整備していく。

一方、地域の特色、財産を活かし、文化的なうるおい度も高める。例えば、歴史的な建物や伝統文化の保存活動を行っている区民を中心に、子どもたちに裾野を広げていく。こうして、高齢者も若い世代も地域の魅力を再発見でき、愛着を持てるまちを目指していく。

第三に、区民との協働の仕組みづくりである。今後、団塊の世代が定年を迎えるに伴い、地域を舞台に自分の能力、経験を活かしたいと考える区民が急増してくる。

そこで、地域で活動する区民相互の情報交換、活動紹介の場や、体験の機会を提供し、区民の地域参加を支援する。また、この取り組みを通じて、区民の多様なニーズを探り、ニーズに対応できるきめ細かな地域活動をコーディネートする。さらに、市川市のように、住民が支援したいNPOや団体に、住民税の一定割合を助成するような先進的な取り組みを提言していく。これらのプロセスにより地域への参画意識を高め、行

政と区民のパートナーシップを実現していく。

4　区民が生き生きと暮らすまちを目指して

　魅力あるまちとは、施設や環境が整っているだけではなく、そこに暮らす人々が生き生きと、自分たちの手で、住みやすい地域をつくっているまちである。

　区は、区民と直接触れ合える自治体だからこそ、区民の声を敏感に捉えながら、個性あふれる地域社会をつくることができる。

　私自身も管理職員として、地域コミュニティを活かし、区民と協働して、魅力的な、活力ある地域社会をつくり上げていきたい。

7 管理職論文②
区民との協働とこれからの特別区について述べてください。

1 特別区の真価が問われる現在

「都区制度は始まったばかりである」と特別区制度調査会で区長会会長は語った。先の制度改革により、特別区はようやく基礎的自治体となった。まさに、これからが真価が問われる時である。

23区はこれまでの護送船団方式を見直し、自立性と大都市行政における一体性の確保の間で、そのあり方を模索している。また、清掃職員の身分切替や財政調整問題など、都区関係も大きな転換期を迎えている。さらに、全国的な地方分権の潮流の中で、地方自治体の権限と責任の強化が叫ばれている。

しかし、区政の主人公は区民である。いかに区の権限が高まろうとも、区民の声、ニーズを十分に把握しなければ、区がその機能を発揮することは不可能である。区民との協働は、まさに特別区の喫緊の課題である。

2 区民との協働を阻むもの

これまでも特別区は区民との協働を図り、一定の成果を挙げてきた。しかし、今なお次のような課題を抱えている。

第一に、職員に「区民の視線で考える」という意識が希薄な点である。事務事業を前例踏襲のまま行い、

区民の視点から常に事業を見直すという姿勢が欠けている。また、住民サービス向上が叫ばれているにもかかわらず、依然、区民から窓口や電話などでの応対の悪さを指摘されている。さらに、時間・スピードに対する職員のコスト意識も不十分であり、区民感情から遊離している。これでは、区民との協働を図ることは困難である。

　第二に、区民にとってわかりやすい組織になっていないことである。これまでも縦割り行政の弊害が指摘され、各区とも積極的な組織改正に取り組んできた。しかし、ある区の調査によると、区民の約25％が「区組織は複雑で分かりにくい」、約70％が「積極的に組織改善をすべき」との結果もある。また、未だに窓口の「たらい回し」や、1つの用事のため複数の窓口を回ることがある。区民が区組織に違和感を覚えているのでは、区民との協働関係を向上させることは困難である。

　第三に、事業への区民参加、民間活力導入の検証が十分ではない点である。各区とも、「民間でできることは民間で」という考えに基づき、積極的に民間委託等を推進している。しかし、その目的は経費削減が主であり、区民協働の視点とはやや異なっている。現在では、指定管理者制度やNPO団体の活躍など、新たな民間活力の導入の機会が増えている。単なる民間委託だけではなく、区民参加、区民協働の視点から各事業を改めて検討する必要がある。

3 更なる区民との協働を目指して

　以上のような問題点を解決し、区民との協働を一層推進するため、私は次の3点を実施する。

　第一に、徹底した職員の意識改革を図ることである。まず、職員の民間企業への派遣・研修を制度化し、「顧客満足主義」を徹底させる。また、人事考課面接において、住民ニーズに対する職員一人ひとりの考え方を確認するとともに、適切な指導育成を行う。更に、職場に区民が事業や職員の対応等について気軽に意見できる「区民満足調査票」を置き、それに基づき職場全体で住民要望を的確に把握・反映していく。こうして、職員に対し住民第一を徹底し、区民との協働意識を高めていく。

　第二に、区民ニーズに迅速に対応する、簡素で効率的な組織を構築することである。まず、意思決定を迅速に行うため、現在の主任・係内主査制を廃し、任用制度を一般職員、係長、管理職の3層制に簡略化する。また、現在の細分化された部署を大きく括り、わかりやすい組織にする。さらに、業務の繁閑に応じた柔軟な応援体制を構築するなど、組織の横の連携を強化する。こうして組織のフラット化・フレキシブル化を行い、住民ニーズに的確かつ迅速に対応できるようにする。

　第三に、区民協働の視点から、事務事業全般を徹底して見直すことである。現在、各区とも行政評価システムを導入し、費用対効果については検証しているが、新たに区民協働の視点を追加する。その中で、①事業の民間委託・PFI方式導入、②NPO・ボランティア

団体等地域団体の事業参加、③地域住民の事業参加、について検証する。また、情報公開を徹底すると同時に、新規事業の実施にあたってはワークショップの手法を取り入れていく。これにより、これまで以上に事業への区民協働を推進する。

4 区民の期待に応える自治体として

現在、特別区は大きな変革の時期にある。地方自治体の権限と責任の拡大は、区が更に飛躍する可能性を秘めているということである。がそれは同時に、今後も特別区が区民の負託に応えられるか否か、改めてその存在価値が大きく問われていることに他ならない。

区民との協働なくして、特別区の存在はありえない。区は、住民の声に真摯に耳を傾け、一生懸命その声に応えていかねばならない。私は管理職として、区民との更なる協働を図り、区民のため全力を尽くす所存である。

8 管理職試験論文③
今後の行財政運営について、新たな財政需要への対応という観点も踏まえ、どのように取り組んでいくべきか、あなたの考え方を論じなさい。

1　財政状況悪化への備え

　都市と地方の税収格差是正を目的として、法人事業税の見直しが実施され、都では21・22年度の両年で6,000億円の税収減が見込まれる。これを受けて、19年度最終補正予算では、歳入確保や歳出の洗い直しにより2,185億円の財源を捻出し、法人事業税国税化対策特別基金を積み立てた。

　都税収入の柱である法人二税の安定的な税収が見込めない中、都は三環状道路の整備等、「10年後の東京」に掲げた施策を複合的に進めていかなければならない。そして、その取り組みを支えるための強靱な財政基盤を築くことが喫緊の課題である。

2　重要施策を支える財源

　都市の機能と魅力をさらに向上させていくにあたり、都が財源を確保するうえでの課題を三つ挙げる。

　第一に、都財政が不安定な税収基盤の上に立脚しているという構造上の問題がある。歳入の大半を占める法人二税は、景気変動の影響を受けやすい法人所得を課税標準としているため、税収が毎年激しく変動するなど極めて不安定である。また、法人事業税の約半分

が国税である地方法人特別税として徴収され、譲与税という形で全国に配分される見直しは、暫定的措置とはいえ、大きな税収減となる。

　第二に、大規模施設の改修等、中・長期的に見込まれる行政需要に対し、都債を発行しなければならない懸念がある。地方債は地方公共団体の一会計年度を超える長期の借入金のため、起債には将来の財政負担等を十分考慮することが必要である。現在、都の起債依存度は3.9％と低いが、都税収入の先行きは不透明である。税収減に加えて多摩都市モノレール事業等、長期懸案への追加出資により基金の残高が不足すれば、都債の発行に頼らざるをえない。

　第三に、都の債権管理体制がまだ整備不足なことである。都はこれまで各局の回収困難な債権を集中して処理するトライアルを進めてきたが、依然として約1,300億円の未回収債権が存在する。今後は急速な高齢化に伴い、福祉・保健・医療分野等で未回収債権がさらに増加することが予想される。迅速で高度な救命・救急活動等、大都市にふさわしいサービスの充実や受益者負担の適正化を図るためにも債権管理は重要である。

3　持続可能な財政基盤の確立

　大都市特有の財政需要を抱える都は、直面する問題を乗り越え、強固で弾力的な財政基盤を構築することが必要である。

　第一に、税収に左右されない安定的な財源を確保するため、基金の積極的な活用を図り、財源の年度間調

整機能を強化していく。都は新型インフルエンザ対策や校庭芝生化などに対し、今年度204億円を充てている。これは昨年度積み立てた福祉・健康安心基金等を取り崩したものである。今後は国や区市町村との役割分担の見直しによる補助金の統廃合等、歳入歳出両面の洗い直しを進め財源を捻出する。そして財政調整基金を着実に積み立てるだけでなく、時宜に応じて基金を設置する。なお、基金の資金は安定的かつ効率的に分散して運用する。

　第二に、都債は社会資本ストックの更新等投資的経費の財源として適切に活用する。新たな起債はできるだけ抑制し、過去に発行した都債は借り換えを厳しく精査する。また、償還額は先伸ばしせず平準化し、税収増のときは繰上償還を促進するなど、将来の財政負担軽減を図っていく。さらに、新たな起債にあたっては、大規模公共事業の事前評価制度等により、起債依存度や公債費負担比率を重視し十分な検証を行い、財政の健全性を維持する。

　第三に、全庁的に債権管理体制を一層整えていく。各局は月次決算を通し、資産だけでなく負債の状況をより厳密に把握して、債権回収の進行管理に努める。回収困難な債権は、局間の連携を引き続き強化し、滞納処分や合同公売等を効果的に進める。また、不良債権は債権管理条例・規則に基づき、先送りせず適正に処理していく。そしてマネジメントサイクルのスパンを月単位で回して機動性をもたせ、月次決算とその検証を予算執行に的確に反映させて、施策の充実につなげる。

4 躍動する都市、東京

都税収入の不安定性等は、以前から指摘されているが、税収増が続いたことなどの陰に隠れ、対策はまだ不十分である。

都は快適で安全な成熟都市東京の実現に向けて、財政運営を見直していく転換期にある。全庁の力を結集して現下の課題に早急に取り組み、効率的な行財政改革を一層推進することで、重要施策に財源を重点的に投入できる。

いかなる経済状況にも対応できる揺るぎない財政基盤を確立するため、都は不断の改革を着実に実践していくことが肝要である。

9 管理職試験論文④

(1) 資料から、重要課題を3つあげ、簡潔に述べなさい。
(2) (1)で述べた課題を踏まえ、高齢者の増加にどのように対応していくべきか。予想される困難があれば、併せて論じなさい。

※資料（概要）をp.117に記載

(1) 高齢者数の増加への対応

1　元気な高齢者の活用
・高齢化社会の進展により社会保障関係の給付は拡大し、現役世代の財政的負担が大きく、支えるのは困難。
・東京の経済的発展を損なわないためにも、元気な高齢者をマンパワーとして活用することが必要。

2　地域力の向上
・防災や防犯などへ対応していく地域力について、地域ごとに格差が生じている。
・悪質な犯罪の対象となりやすい高齢者の単独世帯が増加する中、地域で安心して暮らすためにも地域力の向上が必要。

3　高齢者に配慮したまちづくり
・地域では商店街など生活に身近な施設が衰退し、高齢者にとって住みやすいまちではなくなっている。
・高齢者がいつまでもいきいきと暮らすことのできるまちづくりが必要。

(2)

1　高齢化社会の進展

　東京は、世界に類を見ないスピードで高齢者が増加し、社会構造が大きく変化しようとしている。そのような中、東京がこの先も活力を失わず、いつまでも暮らしたいまちとして選ばれ続けるためにも、都は早急に高齢者数の増加に対応していかねばならない。

2　東京をとりまく現状

　先にあげた課題の背景には、以下のような問題が存在する。

　第一に、高齢者の雇用が進んでいないことがある。そのため、生活に困窮し生活保護を受給している人のうち3分の1を65歳以上が占めている。就業意欲の高い高齢者は多いが、企業の求める画一的な勤務形態や能力などが壁となり、求人と求職のミスマッチが生じている。高齢者の経験やノウハウを活かせる場をつくることが求められている。

　第二に、地域活動が低迷していることがある。核家族化やライフスタイルの多様化により地域活動に参加する人が減少し、活動が盛んでなくなっている。そのため、高齢者は相談する相手もなく孤立してしまいがちである。一方、地域貢献活動への参加に意欲ある人も増加しており、地域に潜在する地域力は決して低くない。

　第三に、高齢者が住みやすいまちづくりがなされていないことがある。高齢者の在宅志向は高いが、従来提供されていた住宅は身体能力の低下した高齢者にとっ

て住みやすい設備となっていない。商店街も郊外の大型店舗等との競争により衰退し、生活に必要な施設が身近にないため、暮らしにくくなっている。

3　高齢者数増加への対応

　以上のような問題を踏まえ、都は以下の施策により高齢者数の増加へ対応していく。

　第一に、高齢者の雇用就業を促進する。高齢者の持つ経験やノウハウは社会にとっても貴重な財産である。そこで、民間の能力開発会社と連携し、高齢者の能力開発プログラムを構築、能力開発センターを拠点として実戦的な能力開発を行う。更には、中小企業を中心に求人を掘り起こし、合同面接会や個別カウンセリングを通じ、高齢者の有する技術や知識を活かした就業につなげていく。しかし、企業にとって高齢者の雇用に係る設備投資などが負担となることから、助成制度などを構築し、財政的に支援する。

　第二に、住民の参加による地域コミュニティの活性化を図る。かつては、防災、防犯活動や高齢者の見守り機能など、地域コミュニティがセーフティネットの役割を果たしてきた。そこで、高齢者が気軽に参加し、顔を合わせることのできる仕組みをつくる。まず、都は町内会や自治会などによる防災、防犯活動を行う団体を認定する制度を構築する。更に、区市町村と連携して活動にあたっての助言を行い、必要に応じて活動費や小学校の空き校舎など場を提供し拠点づくりを支援する。しかし、団体の情報不足から地域活動に高い意欲を持つ人を活動に結び付けられていないことがあ

る。それに対しては、区市町村やNPO等と連携し、活動状況をホームページ等で発信していく。

第三に、高齢者にとって暮らしやすいまちづくりを推進する。地域に暮らし続けるため、まずは住宅を確保する。都は、ユニバーサルデザインの観点から住宅ガイドラインを作成して事業者に普及を図り、区市町村や事業者と連携してニュータウンや既存の住宅地を再生する。更に、高齢者に対し所得に応じた家賃の軽減措置を図る。しかし、住宅が魅力的であっても生活基盤がないことには生活は成り立たない。そこで、区市町村と連携し基金を活用して地域密着型介護サービス基盤やクリニックモールを誘致する。商店街に生活機能を集積し、相乗効果による活性化を図る。

4 世界をリードする大都市東京の使命

世界先進都市で高齢化が進展する中、東京がその課題を解決し、成果を還元していくことは、世界をリードする大都市東京の重要な使命である。そのために都は、都民、事業者と連携の元、不断の努力を続けていかねばならない。

資料（概要）
1 「超高齢社会、お年寄りもマンパワー」という見出しで、「高齢社会白書」が閣議決定されたという記事（平成19年6月9日朝日新聞夕刊）
2 都の人口及び世帯数の状況と将来推計（国立社会保障・人口問題研究所から作成）
3 社会保障の給付の見通し（厚生労働省「社会保障の給付と負担の見通し」から作成）
4 高齢者主体の支援政策の課題（田尾雅夫・西村周三・藤田綾子編「超高齢社会と向き合う」から抜粋）
5 買い物・医療など人間によるサービスは地域格差が拡がっている。高齢者を大切にする社会環境を欲するのであれば、自らが率先してボランティア事業等に参加する必要性を指摘（長山靖生「日本人の老後」から抜粋）
6 都市のユニバーサルデザインの目指す領域（秋山哲男ほか編著「都市交通のユニバーサルデザイン」から作成）
7 生活保護受給者の39%が高齢者。うち6割が女性で独り暮らしが多いという記事（平成20年1月10日毎日新聞朝刊）

参 考 図 書

NO	書 名	著者等	出版社
1	合格者が書いた合格レベル論文実例集 PART2、3	「4ウェイ方式」論文通信添削研究会	公人の友社
2	地方公務員採用・昇任必携－問題作成の技術－	森田昭次郎他	学陽書房
3	50点アップの論文技法	伊藤　章雄	都政新報社
4	昇格する！　論文を書く	宮川　俊彦	角川書店
5	できる公務員のための文章術	青山　俶	竹内書店新書
6	論理的な考え方が面白いほど身につく本	西村　克己	中経出版
7	論理的な文章が自動的に書ける！	倉島　保美	日本実業出版社
8	論理的に考える技術	村山　涼一	サイエンス・アイ新書

山本雄司（やまもと　ゆうじ）

特別区管理職。昇任試験対策の講師として豊富な経験を持ち、多くの受講生から好評を得ている。特に論文については、初心者でも必ず書ける論文の書き方を体系的に整理。著書に『福祉事務所―新米公務員奮戦記』がある。

本書に対するご意見・ご感想をお寄せください。
E-mail : shuppan@toseishimpo.co.jp

買いたい新書5　1日10分論文の書き方　定価はカバーに表示してあります。

2009年2月25日	初版1刷発行
2012年5月30日	初版2刷発行
2018年7月20日	初版3刷発行

著　者　　山本　雄司
発　行　人　　吉田　実
発　行　所　　(株)都政新報社

〒160-0023　東京都新宿区西新宿7-23-1　TSビル
電話　03(5330)8788　振替　00130-2-101470
FAX　03(5330)8904
ホームページ http://www.toseishimpo.co.jp/

印刷・製本　　モリモト印刷株式会社

乱丁・落丁本は、お取り替え致します。　　Printed in Japan
©2018 TOSEISHINPOUSHA
ISBN978-4-88614-180-4　C2230

都政新報社の昇任試験問題集

[実戦シリーズ]

第4次改訂版
地方自治法　実戦150題 …………1,900円

第5次改訂版
地方公務員法　実戦150題 ………1,900円

第5次改訂版
行政法　実戦150題 ………………1,900円

全面改訂
50点アップの論文技法 ……………2,000円

[書いたい新書シリーズ]

1日10分資料解釈 ……………………1,000円

第4次改訂版　1日10分地方自治法 ……1,100円

第5次改訂版　1日10分地方公務員法…1,350円

1日10分行政法 ………………………1,300円

(価格はいずれも税別)